# 潜在意識のちびちゃんワーク®

斎木 千桜子
メンタルコンサルタント

この本をいままで、私を導き支えてくださった方々
そして、天国にいる最愛の母に捧げます

私が思う「私らしく生きる」とは
「自分にとっての喜びに生きること」です。
その「自分にとっての喜びに生きる」ためには、
自分の「本心」を知る必要があります。

なぜなら、その「本心」こそが
自分の人生の地図となるからです。

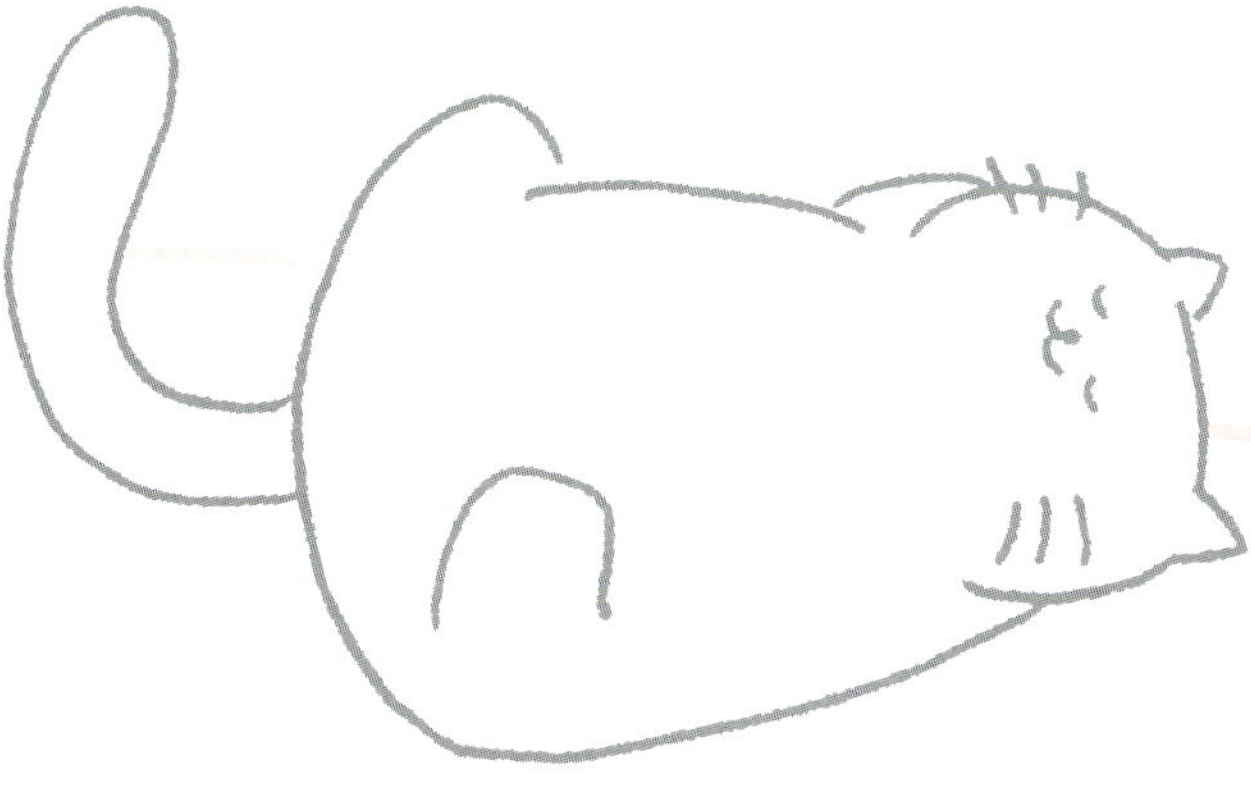

そしてその「本心」を
自分の人生に描くためには、
潜在意識の中にいる「ちびちゃん」が
持っている荷物を軽くしてあげること。

それができると、日常生活の中で感じやすい
もやもやイライラ、あきらめ、ついつい出てしまう
文句が激減し、心に描いていた本心や
願いがサクッと叶ったりしていくのです。

# はじめに

こんにちは！

この本を手にとっていただきありがとうございます。
心より感謝いたします。

ところで……
あなたは『今』幸せですか？

目の前の出来事次第で一喜一憂し
幸せを感じたり
嫌な思いをしたり……

その上、
人の目や人からどう思われるかが気になるから、
とにかく疲れる……。

そして、ひとりになるとちょっとホッとする
過去のわたしはそんな毎日でした。

それが決して悪いわけではないのです。
悪いわけではないのですが
あるとき子どもに言われたのです……

『お母さんはため息ばかりだね』と。

『えっ!? そう??』と返しながら
とてもドキドキしたことを
いまでもハッキリ覚えています。

そんなわたしですが

【あること】を知ったことをキッカケに
人生が劇的に好転していきました。
ため息がなくなるどころか
日々、幸せを感じながら
いつの間にか、願っていたことが
叶っていくという現象まで体験しました。

しかも、
クライアントさん達も!!

この本はそのエッセンスをめいっぱいつめこんだ一冊です。

『あなたは必ず大丈夫！』

そもそも

この地球は引力の星だから、

【決してあなたを離さないよ】という

地球からの愛で守られているのです。

では、この地球をおもいっきり楽しみ

私らしく生きるためのお話をはじめます。

少しでも、あなたが

嬉しい！
楽しい！
幸せ！
になるキッカケとなれば嬉しいです。

斎木千桜子

## 第2章 感じた思いを掘り起こす



## 第3章 最強のセルフカウンセリング

# 第4章　ブラッシュアップし続ける「私のトリセツ」

# 第5章 ちびちゃんと創る未来

# 第１章

# 潜在意識で指揮する３歳のちびちゃん？

## 潜在意識の中に「たくさんの荷物を持ったちびちゃん」を発見!

いまから8年ほどの前のこと、あるクライアントさんのコンサルティングをしていた時のことです。その方はお義母様との関係に悩んでおり、口を開けば愚痴や悪口が出ていました。彼女自身、愚痴を言いたいわけではないし、「目の前の出来事は私が創っている」「人は変えられない」「変えられるのは自分だけ」と頭では理解しているのですが、どんな方向からお話をしても、【心の底から納得して行動を変える】ことができずにもやもや、イライラと悩んでいました。

そんな日々が続いた何度目かの彼女とのコンサルを終えて、二人で駐車場まで一緒に歩いていた時、不思議なのですが、急に私の中にインスピレーションが湧いてきました。

たくさんの荷物を抱え、健気に動いている小さい子の姿が見えたのです。それを絵にするとこんな感じです。

この子は、潜在意識の中にいるおちびちゃん。誰の中にも存在していて、通称「**ちびちゃん**」と私は呼んでいます。この子との対話を通じて、多くの人の人生に劇的な変化をもたらした**ちびちゃんワーク**®が生まれました。**ちびちゃん**は目に見えるわけではないのですが、この**ちびちゃん**との対話を繰り返していくと、なぜか、自分が忘れていた記憶がよみがえり、本当はどうして欲しかったのか、どうしたかったのかに気づき、現実が変化していくということが起こってきます。

潜在意識の中にいる**ちびちゃん**は、あなたが傷つかないようにたくさんの荷物を抱えています。その荷物一つひとつを「もう大丈夫だよ」と手放すことができるようになるまでには、本人も気づかなかった人生のドラマがどんどん発見されることになるのです。

## カレーライスが空を飛んだ!!

私が幼稚園の年長さんだった頃の話です。母は食堂を経営していて、日々とても忙しく働いていました。

そんなある日のこと、朝食はカレーライスでした。そんなにお腹も空いておらず元々小食だった私は、朝からそのカレーライスをなかなか食べ始めることができずグズグズしていました。朝の支度に急いでいた母は、そんな私を見て「もう出発するよ。カレーライスは車の中で食べなさい」と、カレーのお皿を私に持たせ、車で出発しました。

母としてはガリガリで小食の私（いまはぽっちゃりしていますが）を心配し、なんとか少しでも食べさせたいと思ったのでしょう。しかし助手席に乗った私は、お腹が空いていないので、カレーのお皿を持ったまま、もじもじしていました。食べたくないのに無理に食べるのは苦行のようなものです。

そんな私の様子を見た母は、急に車のスピードを落として路肩に車を止めました。そして、私の側の窓を開け、「もう食べなくていい！」と叫んで、いきなりカレーライスをお皿ごと外に放り投げたのです。カレーの入ったお皿がクルーンと宙を舞い、田んぼの中に落ちるのを、私はただただ声も出ず、呆然と見つめていました。

この「空飛ぶカレー事件」は、私にとても強烈な印象を与えました。驚いたと同時に、母親のことが大好きだけど、怒らせたらマズイと思うようになったのです。それ以来、私は母の顔色をうかがうようになり、「怒らせてはならない」「食事を残してはいけない」と強く思うようになりました。

また、この「空飛ぶカレー事件」があってしばらくした頃、こんなことがありました。

私が友人宅に遊びに行き、お泊まりした時のことです。そのおうちで出された夕食が、なんとカレーライスだったのです。その頃もまだ小食で食事全部を食べきれなかった私は、無意識下ではありますが「空飛ぶカレー事件」の記憶があったので、「食事を残してはいけない」と無理に出されたカレーを一生懸命食べたのです。その無理が生じて、結局気持ちが悪くなって……お察しの通りの結果となってしまいました。

いま振り返れば、素直に「食べきれないので残していいですか？」と伝えて残していればよかったのに……と思います。しかし、「残してはならない」という思いがそうさせてしまったのでしょう。

私は母親のことが大好きでしたが、「空飛ぶカレー事件」以来、「母を怒らせてはならない」という思いがゆえに、母親に安心して本心（思っていること）を言ったり、甘えることができなくなりました。自分が思っていることを伝えたり、甘えるよりも先に、どうすれば母親を怒らせずにすむことができるかに心を砕くようになってしまったからです。なので、何か頼みたいことがあっても、母親の機嫌が悪そうな時は話すのをやめ、機嫌が良さそうな時を見計らって話すようになりました。

　それから後の私は、40歳過ぎまで母だけにとどまらず、母のように私よりパワーがある存在の人すべてに対して「怒らせてはならない」と気を張り巡らせ、自分の言動を相手に合わせて行動していたので、最後には自分がいま、うれしいのか、楽しいのか、悲しいのか、ツラいのかなどの「感情」がわからず、麻痺《まひ》しているような状態になってしまっていたのです。

## 体験によって潜在意識に記憶された性質

この強烈な体験から私の心の奥底（潜在意識）に〈母を怒らせてはいけない〉という**性質**が落とし込まれました。この時に落とし込まれた**性質**は、事あるごとに大きな障害となって、その後の私の人生に大きな影響を与えていったのです。

「性質？　なに、それ？」と思う人も多いでしょう。

**性質**とは**「あなたの行動に影響を及ぼしているもののの見方や考え方」**のことを指します。

次の例は、よくある**性質**を羅列したものです。

## 性質の例

- 私はまちがえてはいけない
- 私は失敗してはいけない
- 私は人と違ってはいけない
- 私は相手に合わせないといけない
- 私は劣っている
- 私はお行儀よくしていなければならない
- 私は逆らってはいけない
- 私はしっかりしなければいけない
- 私には価値がない
- 私はすべてをやらなければならない
- 私は必要とされていない
- 私は親の言うことを聞かねばならない

- **ひとりのほうが楽だ**
- **人と親密になることは束縛されることだ**
- **私は何もできない**
- **私は言いたいことを言ってはならない**
- **私はありのままの自分でいてはいけない**
- **私は誰からも愛されない**

思い当たるものも多くあるのではないでしょうか。

実はここに挙げられているように多くの「**性質**」が私たちの中に存在し、私たちの日々の行動をコントロールし、人生を左右しているのです。そしてそこに私たちの意思は存在していません。私たちは自分自身で考え、自分の価値観にしたがって何をどうするかを決めていると思っていますが、実際にはそうではありません。

実は心の奥（潜在意識）にある**性質**によって動かされているのです。驚きですよね。

例に挙げている**性質**はネガティブと感じやすいものばかりですが、もちろんこれとは逆にポジティブな**性質**もあります。

- **私は愛されている**
- **私には価値がある**
- **私は自分の意見や考えを持ってもいい**
- **私は前向きだ**
- **私は親切だ**

しかし、実際に日常生活での行動を支配する**性質**は、ネガティブなものが大半を占めています。なぜなら潜在意識には、私たちの【生命を守ろうとする働き】があるため、ネガティブな**性質**に支配されがちになるのです。

たとえば〈私は言いたいことを言ってはならない〉という**性質**を持っていたとします。その場合、親やパートナーに一方的に怒られたとしても、なかなか言い返すことができません。内心では自分にもちゃんと言いたいことはあり、言い返したい思いがあっても、どうしても自分の思いを伝えることができません。そして〈言ってはならない〉という**性質**に支配され、最終的には諦めてしまいます。自分ではどうして「言いたいことを伝えられないのか」を理解できていないため、結局いつも我慢することになり、ついつい同じことの繰り返しになります。

このように**性質**は、潜在意識の中に存在し、何かを決める時や行動を起こそうとする時にひょっこり顔を出してきます。そして、人はその**性質**のとおりに行動してしまうのです。潜在意識の力はとても強力で、どう行動すべきか、あれこれ悩んだとしても、最終的にはネガティブな**性質**の指示に従ってしまいます。なぜなら繰り返しになりますが、潜在意識はあなたの命を守るためにあるからです。

こうした**性質**は、多かれ少なかれ、誰もが持っているものなのです。

私たちの顕在意識は2〜10％しかなく、残りの90〜98％は潜在意識です。それはまるで氷山のようで、見えている部分は一角に過ぎません。

くやしかったり、悲しかったり、寂しかったり、そうした感情は、その感情を

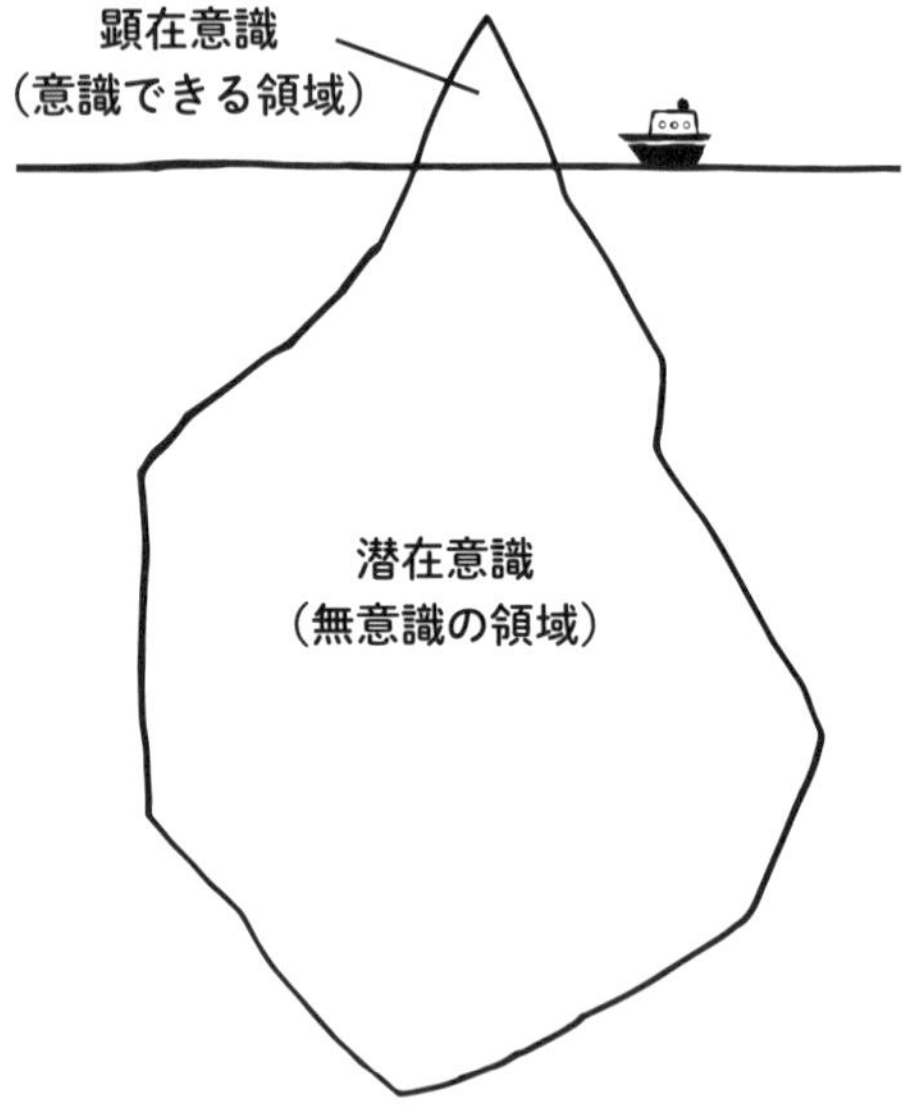

味わうきっかけとなった体験から**性質**となり、深い潜在意識の中に沈み込んでいます。

ただ、その**性質**は認識できない場所に留まっているのですから、スッと自分の顕在意識に現れてこなくて当然です。

親の言動やさまざまな体験をきっかけに生まれた**性質**が自分の行動を指揮し、いつも同じパターンを繰り返す。別の見方ができればいいのですが、私たちは潜在意識にいる**ちびちゃん**に指揮されているために、それができずにくり返してしまうのです。

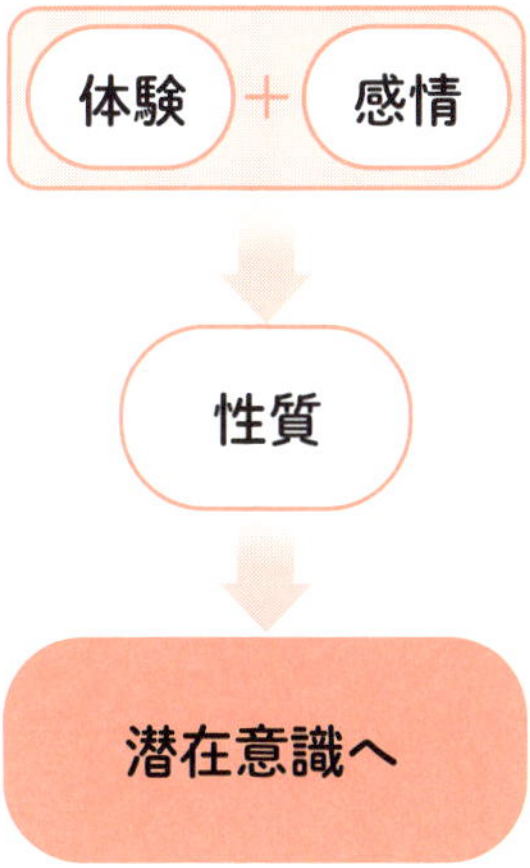

# 潜在意識の中にいる3歳のちびちゃんの存在

この潜在意識の中にある**性質**を管理し、私たちの行動を操っている存在がいます。それは小さい頃からのあなたの記憶をすべて抱えて守っている小さい頃のあなた自身、**ちびちゃん**です。**ちびちゃん**は3歳児くらいをイメージしてください。正確に3歳じゃなくても全然構いません。そして**ちびちゃん**の年齢は何年経っても変わりません。その存在は潜在意識の中にいて、起こる出来事によって傷ついてきた私たちが、二度と傷つかないように悲しい思いをしなくてすむように、と、時に応じて、さまざまな**性質**を発動させています。

その**ちびちゃん**は、私たちの心を守る「指揮者」のような役割を潜在意識の中で果たしているのです。

**ちびちゃん**が、私たちを守るために「体験＋感情＝**性質**」が入った袋を両手に持っている姿をイメージするとよいでしょう。子ども時代のつらい体験があればあるほど、**ちびちゃん**の荷物は重くなります。

前述した「空飛ぶカレー事件」の事例でいえば、母親にカレーのお皿を外に放り投げられた時、びっくりすると同時に、

**「怖い」**

**「おどろき」**

**「悲しみ」**

**「さびしさ」**

**「不安」**

**「罪悪感」**


など、さまざまな感情がわき上がりました。それらの感情から、私の中に〈母を怒らせてはいけない〉という**性質**が生まれたのです。

つまり、感情が動くところに**性質**は生まれ、無意識の世界に保存されるのです。

この時感じた「怖い」「おどろき」「悲しみ」「さびしさ」「不安」「罪悪感」といっ

た感情は、楽しいものではなく二度と体験したくないものです。

その結果、日常生活で似たような場面に遭遇すると、潜在意識にある**性質**が反応し、母親を怒らせない私＝「いい子」を演じさせます。**そうすれば、「怖い」「怒り」「悲しみ」などの負の感情を感じないですむからです。**このように、**性質**とは主に子どもの頃に体験した負の感情を避けるための装置でもあります。

いわば、あなた自身を守るために潜在意識の「**ちびちゃん**」がどんな行動をすれば最適かを考えて指揮しているのです。

ところが、皮肉なことに、大人になるにつれ大きく人生の妨げとなるのも、体験によって作られた、この**性質**なのです。潜在意識の**ちびちゃん**が、怒りや悲しみなどのツラい感情を感じないですむように、私たちの行動を指揮します。

そしてその指揮が、自分本来の価値観や考え方よりも先に反応してしまうので、「自分はなんでこんな行動をしてしまうのだろう」「自分ではそうした方が良いと頭では分かっているのにどうして行動に移せないのだろう」ともやもや、イライラする出来事が増えてくるのです。

その結果、人生を楽しく、思い通りに生きることが難しくなってしまうというわけです。このように、**性質**は潜在意識の中に隠れており、私たちは無意識のうちにコントロールされてしまうのです。

## 生きづらくなる理由

たとえば、人生を川の流れで例えてみましょう。川が流れていて、そのところどころに大きな岩があるとします。流れが岩にぶつかって大きな飛沫があがったり、くねくねと曲がったりします。そう、この岩こそが人生を滞らせる**性質**なのです。岩が大きければ大きいほど、流れをせき止めたりくねくねと曲がらせたりして、人生に多大な影響を与え、時として「生きづらさ」を感じる原因となったりするのです。

私には〈母を怒らせてはいけない〉という**性質**以外にも〈私には価値がない〉

〈順番は守らねばならない〉〈私を承認してほしい〉といった、いろいろな**性質**が潜在意識の中に入っていました。

それらの**性質**は、私の人生の川の大きな岩となって流れを滞らせ、つねに現実の世界に影響を与えて私の行動を支配していたのです。

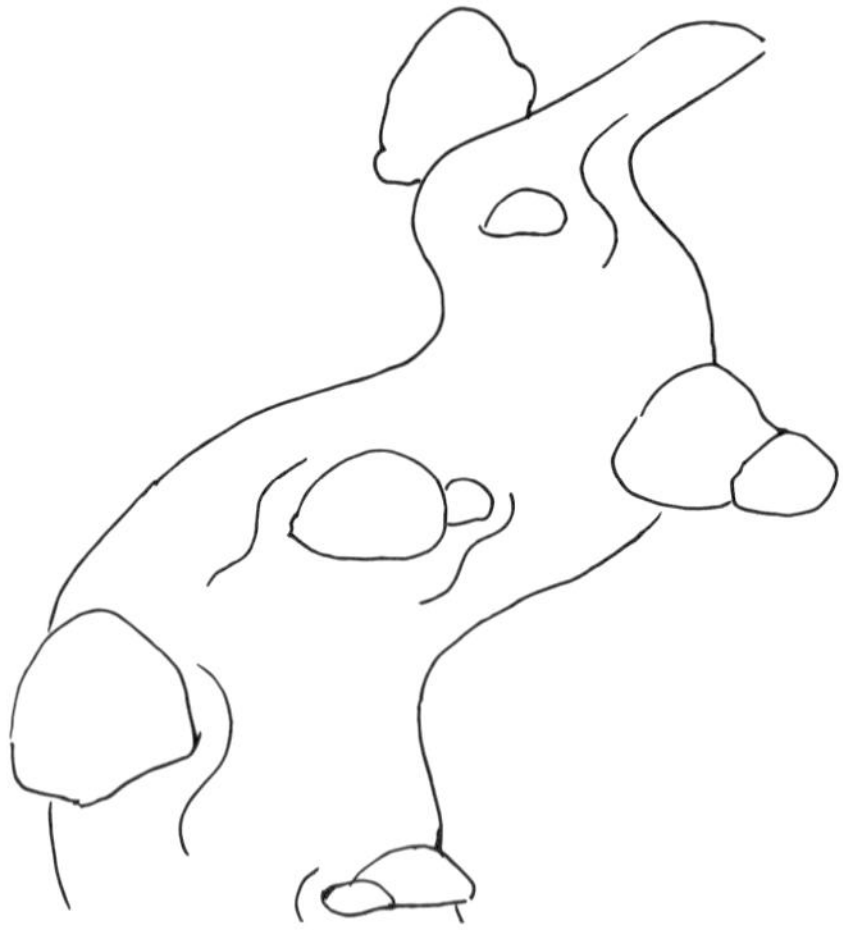

あなたがもしも「変わりたい！」「誰の目も気にせずに思い描いた人生を歩きたい！」と思うのであれば、潜在意識の**ちびちゃん**による指揮は必要ありません。**ちびちゃん**は、あなたがこれ以上傷つかないように、あなたの行動を管理・指揮し必死に守ってくれていますが、自分の人生を自分の手に取り戻し、思い描いた人生を叶えながら、楽しく生きることは十分可能なのです。

そしてそれを可能にする方法があります。それは**潜在意識の中で私たちが傷つかないように指揮しているちびちゃんとの対話**です。

あなたのイメージの中で**ちびちゃん**に会いに行き、子どもの頃に感じたネガティブな感情を手放すようにします。そうすればあなたを傷つけないようにと、行動を指揮している**ちびちゃん**の荷物が徐々に小さくなり「なりたい自分」の人生に近づくことができるのです。

# 私が私を癒して抱きしめる

まずはあなたの潜在意識にいる**ちびちゃん**に名前を付けてあげて呼びかけてください。**ちびちゃん**はあなたの心の一部のようなものなので、ステキな名前をつけてあげてくださいね。そして、あいさつに行きましょう。

たとえば「こんにちは！　私は〇歳になった〇〇ちゃんだよ！」みたいにです。自分の心の一部だとはいえ、相手は潜在意識の中の住人ですから、初対面です。少しずつお互いの距離を近づけて、関係性を作っていきましょう。

## ちびちゃんに会いにいく

1. ちびちゃんは、あなたの丹田（おへその下）あたりにいると思ってください。
2. 軽く目を閉じて、イメージの中にいるちびちゃんに会いに行きます。
3. イメージの中でリラックスできるイスやベンチに座り、ちびちゃんをお膝に乗せてみましょう。
4. そして「何か私に言いたいことある？」と聞いてみてください。
5. しばらく対話を楽しんだり、一緒に遊んだりして、「また来るね！」といった帰り際のあいさつをして、帰ってきてください。
6. 目を開けてください。

| | ちびちゃんの様子 | 自分の思い |
|---|---|---|
| 1日目 | | |
| 2日目 | | |
| 3日目 | | |

３〜７日間くらい続けてみて、その時の様子をメモしておきましょう。反応が薄くても代わり映えがしなくても大丈夫です。またイメージが出にくくても気にせずに続けてみてください。どんなイメージでも間違いはありません。あなたが感じることすべてを肯定してやってみてください。

時期からちびちゃんとお話ができるようになりました。昔の記憶がちゃんと出てくるかな、と不安もありましたが、ちびちゃんと仲良くおしゃべりができるようになってきたら、どんどん黒いスライムのような未消化の感情が出るわ出るわ。(笑)

ここまでくると、小さい頃の私の感情を客観的に見つめることができるようになっていました。「本当はこうしたかったんだな」「本当はお母さんに甘えたかったんだな」

幼いながらも周りの状況を察知して無意識に自分の感情を抑えてしまっていた自分。そうやっていつの間にか自分の感情に向き合えていることに気づきました。

そしてちびちゃんワークを終える頃にはちびちゃんの事が大好きになっていました。自分の感情に蓋をせず、ありのままの自分をただ感じる。そしてちびちゃんを優しく抱きしめてあげる。そのことがこんなに大事だなんて知りませんでした。

世の中にはいろんな情報が溢れていて、何を信じたらいいのか、誰を信じたらいいのかわからなくなることも多々あります。その答えは全部、ちびちゃんが持っていました。

体験談
1

## ちびちゃんとの出会い

（40代・女性）

わたしが初めてちびちゃんに会いに行った日。ちびちゃんは私に背を向けてマンホールの底で三角座りをしていました。

見えたその世界はモノトーン。なんとなく想像していた世界とは全く違っていました。どうしよう……。少し怖い。

ちびちゃんワークをどう進めていくのが正解？ と世の中の正解軸に振り回されていたわたしは、ちびちゃんワークの正解を探し始めました。

わたしが見たこのモノトーンの世界は正解なのかな？ そんなことばかりを考えていました。でも「ありのままでいい､ありのままを感じる」「みんなそれぞれ違っていい」のがこのちびちゃんワークなんだ、と気づき、このワークに正解は無いんだ、と思うようになりました。

そこで、まずは背を向けて下を向いているちびちゃんと仲良くなるところから始めてみる、と腹をくくって取り組みました。

背を向けているちびちゃんに毎日会いに行きました。「おはよう」とあいさつするだけの日々がしばらく続くと、ちびちゃんの様子に少しずつ変化が見られるようになりました。私のほうをチラッと向いてくれる日。私に少し近づいてきてくれる日。ニコッと笑いかけるとはにかみながら笑ってくれる日。

そうやってちびちゃんと心を通わせることが少しずつできるようになっていくと、だんだんとちびちゃんとの世界に色が付きはじめていき、この

体験談 2

## 私とちびちゃんワーク

（40代・女性）

ちゃんと想像できるかな？　そんな不安の中、出てきた「ちびちゃん」は、写真で見た３歳頃の私と同じ格好をしていました。最初は膝の上に抱っこして、私が「かわいいね、愛してるよ」と声をかけながら頭をなでなでするだけで、ちびちゃんは一言も話してくれませんでした。３日ぐらいその状態が続いて……私が「じゃあ、またね！」と言うと、「じゃあ、またね」とお返事してくれました。それが初めての会話でした。その後も、私が話しかけても、なにか質問しても、うなずいたり首をかしげたりするだけ。でも、別れ際に「じゃあね」とだけは言ってくれました。その状態のまま１週間が過ぎたある日。「お母さんのことは好き？」という質問をすると、初めて「大好き！」と返事。頭の中でふっと言葉が浮かんでくるような感じで、テレパシーで会話したらこんな感じなのかな？　という感覚になりました。それをきっかけに、少しずつお話してくれるようになりました。

会話は、私の質問に対しての想いだったり、相談するとアドバイスしてくれたり、と私が想像もしないような事を話すちびちゃんには、何度も驚きました。子どもの頃の記憶はほとんどなかったのですが、ちびちゃんと話すうちに少しずつ思い出していきました。ちびちゃんを覆っていた鎧や鎖が外れるたびに、周りの景色やちびちゃんの様子が変化していきました。

そして、ちびちゃんと一緒に過去の「私」に一つひとつ向き合っていくことで、その時は感じることができなかった（封印されていた）感情が溢れ出てきました。

# 第2章

# 感じた思いを掘り起こす

## ちびちゃんワークをやってみると……

**ちびちゃん**に会いに行けるようになったら、**ちびちゃんワーク**をやってみます。

例として私が体験した「空飛ぶカレー事件」を見ていきましょう。

❶ **軽く目を閉じてイメージの中にいるちびちゃんに会いに行きます。**

（**ちびちゃん**と話したい思い出にはお母さんとのこと、と記入）

❷ **抱っこをしてお膝に乗せて聞いてみました。**

私「**ちびちゃん**、お母さんとのことで、なんか、そうねえ、黒いスライム※のような思い出ってある？」

※黒いスライムのような思い出……ネガティブな思い出

**ちびちゃん**「カレーライスが食べられない時にすごく怒られた……」

と言って、その時の状況を話してくれました。

（**ちびちゃん**が話をしてくれたこと、あなたの頭に浮かんで来たことを、情景・その時の様子のところに書き込みます）

**③次に、ちびちゃんにカレーライスが食べられなくてお母さんに怒られた時、どんな「感情」が心にあったの？　と聞いてみます。**
（感情表現が難しそうな場合は、**ちびちゃん**にワークシートにある感情のリストをイメージの中で見せても良いです）
**ちびちゃん**「びっくりしたし、怖かったし、不安、恐れ……」
私「そっかそっか、そうだよね。びっくりしたよね……怖かったよね……」
（必ず**ちびちゃん**の思いに寄り添ってあげてください。説教したり叱ったりはしないようにしましょう）
**ちびちゃん**が教えてくれた感情をリストから探して丸をつけましょう。

**④ 次に「本当はどうして欲しかった？　どうしたかった？」と優しくちびちゃんに聞いてみます。**

私「**ちびちゃん**。カレーライスが食べられなかった時、本当はお母さんにどうして欲しかったの？」

**ちびちゃん**「本当はいきなりカレーライスを外に投げないで、食べられないなら残していいよと優しく言ってほしかった」

（**ちびちゃん**が教えてくれたことを本当はどうして欲しかった？　に書き込みます）

**⑤ 続いてネガティブな体験をポジティブに作り変える、いわゆる潜在意識の書き換えをします。**

私と**ちびちゃん**は、一緒に手をつなぎ、その当時のお母さんに会いに行きます。

**ちびちゃん**「お母さん！　朝からカレーライスなんて食べられないよ！

それも私、小食なのにこんなにいっぱい……なのに、いきなりもう食べなくていい！　って外にお皿ごと投げて、とてもびっくりしたし、怖かったし、どうしていいか分からなくて不安でいっぱいだったよ……」
お母さん（イメージの中の当時のお母さん）「ごめんね……本当にごめんね……」と抱きしめてくれて「これからは食べられない時は残してもいいからね」と言ってくれる。

**❻ 最後はワークをしてどう感じたかを記入します。**

涙がじわっと込み上げてきました。残してもいいんだ、と許可が出ました。ほっこりしました。

「『食べられないならいいよ』と優しく言ってほしかった。私の気持ちを受け止めてほしかった」という**当時の自分の気持ちを思い出して、お母さんに伝えた、というところが重要な部分**です。

気をつけて欲しいのは、この**ちびちゃんワーク**での相手の反応（この場合はお母さん）はさまざまだということです。

自分が思っているような返事ではないこともあります。この「空飛ぶカレー事件」のワークの時、私はイメージの中の母に**遠慮なく思いの丈を伝えました。**ここがポイントです。母は最初は「ちさちゃんが食べないからだよ！」と言いました。それに対して私は「そうかもしれないけど、いきなり外に投げたからすごく怖かったんだよ！」と感じたことを遠慮なく伝えました。そこでお母さんは「ごめんね。本当にごめんね……」と言って抱きしめてくれました。そして「食べきれない時は残してもいいんだよ」と言ってくれたのです。

私は、お母さんのその言葉を聞いて、心がスーッとして安心感が広がっていくように感じました。

すごくうれしくて、**ちびちゃん**と私の2人で抱き合って喜びました。

イメージの中のお母さんが呆然としていたり、無反応だったり、それどころかお母さんの顔もしっかり見えてこなかったりすることも大いにあります。それならそれでいいのです。全然構いません。正しい形はあってないようなものですから。**ちびちゃんワーク**の目的は「ぎゅうぎゅうに押し込んできた感情」をイメージの中で解放させてあげることです。**「私が私自身を癒して抱きしめる」ことがとても大切**なのです。

**ちびちゃんワーク**では、性質そのものを無くすことはできません。ただ、小さくすることはできます。小さくすることができれば、人生への影響はほとんどなくなります。このことは私だけでなく、私の多くのクライアントさんたちも「やっと変わることができた」「いつの間にか人生が思い描いていた通りになりました」と感想が届きます。そしてみなさん口を揃えて「**ちびちゃんワーク**に出会えてよかった」とおっしゃってくださいます。

**ちびちゃんワーク**の主役は、もちろん自分自身ですが、準主役となる存在がいます。それが、私たちの潜在意識の中にいる「**ちびちゃん**」です。**ちびちゃんワーク**をすることで、**ちびちゃん**が持っている荷物、つまり性質もどんどん軽くなっていきます。そして、最終的にはいらない性質（荷物）は手放すことができ、**ちびちゃん**が本来の力を発揮できるようになります。**ポジティブな視点を持ち、他者からの愛を素直に受け取ったり、心を開いて他者を愛したり、等身大の自分でいられるようになる**のです。

それはつまり、心の自由を得られるということなのです。**ちびちゃん**には、あなたを勇気づけたりあなたの人生の地図を歩めるように導いてくれるそんな力があるのです。あなたが本来持って生まれた本領を発揮できるようにするためにも、**ちびちゃんワーク**をコツコツ実践することがとても大切なのです。

# どんな感情も隠さなくていい

日常生活で怒りや悲しみなどを感じたら、その陰には子ども時代や過去に体験したことをきっかけにできた性質が存在していることを示しています。その性質を小さくするためには、自分の心の中にどんな感情があるのか、何を感じているかに目を向けることが大事なのです。

元来、日本人は感情表現が苦手といわれ、感情を分析する習慣があまり無く、むしろ感情をあまり表に出さないようにする傾向があります。けれども、感情は性質と深く結びついているので、非常に重要なものなのです。

喜怒哀楽といっても、その感情を細かく見ていくと、ニュアンスが変わります。以下の感情リストなどを参考に、自分の思いはどんな感情なのかを具体的にしていくと、気づかなかった自分の本当の気持ちがより明らかになっていきます。

### 感情リスト

希望・感謝・信頼・優越感・喜び・ドキドキ・前向き・愛おしさ・わくわく・ウキウキ・誇らしい・力が湧く・幸福・憧れ・勇気・親しみ・期待・怒り・イライラ・憎しみ・悔しい・怖い・おどろき・きもい・罪悪感・恥ずかしい・嫉妬・焦り・悲しみ・さびしさ・がっかり・むなしい・ゆううつ・だるい・諦め・もやもや・劣等感・心配・不安・退屈・後悔・切なさ・緊張・困惑・みじめ・後ろめたい・安らぎ・愛・感激（感動）・安堵（ほっとする）・満足・穏やか・尊敬

感情の中身がわからないと、自分が本当に欲しいもの、真の欲求が何なのかもわかりません。

たとえば、怒りの感情は、欲求が満たされない時に生じるものです。

もしパートナーが投げかけた言葉に対して、あなたが怒りを感じたとしたら、その裏に隠された自分の本当の欲求がそこにあるはずです。

本当はどうして欲しかったのか、この感情は、悲しいのか、怒っているのか、嘆いているのか、悔しいのか、を正直に見つめていっていいのです。

「こう思うほうがいいのだろうな」とか社会や周りからの正解を軸に考えていると、本当の気持ちがどんどん置き去りになっていきます。どんな感情もいい悪いはありません。そう感じたあなた自身をそのまま受け止めてあげたらいいだけなのです。

私の事例で恐縮ですが、仕事が忙しくて経理の帳簿を付ける時間がなかった時がありました。そんな折、夫から「帳面は毎日きちんと付けないと大変なことになるよ」と注意されました。その瞬間、その夫の言葉にイラッとした自分がいました。「そんなことはわかってるわよ。わかっていても忙しくてできなかったんだもん。そばで見ていて、どうして分からないんだろう」と怒りの感情がふつふつと湧いてきたのです。

冷静になってから、よくよく考えてみると、怒りの感情の陰に「私をわかってほしい」という欲求があるのに気づきました。

このように感情の動きに目を向けることは、自分の性質を知り、本来の欲求を知るためにも非常に重要なことなのです。自分の中の何かの感情が動いたら、「あっ来た！」と受け止め、その陰にどんな思いや感情が潜んでいるかに目を向けてみましょう。

# 自分も知らなかった自分の本音

潜在意識の住人・**ちびちゃん**とのワークをしていく時は、まずテーマ（母・父など）を書きます。一緒に過ごした家族に対してのテーマでなく、ランダムに思い出した幼少期の記憶をテーマに取りあげていってもＯＫです。

具体的な理解のために、次ページで私のクライアントさんの例を見ていきましょう（本人許可済み）。

また**ちびちゃんワーク**をしていく中で、大切なのは自分の中からせっかくイメージであがってきたものを「正しいか？　間違ってないか？」と疑わないこと。

あなたが感じたものをまるっと受け止めてみてください。

## ちびちゃんワークシート　〜Aさん・40代　小学校低学年の出来事〜

### 1 ちびちゃんと話したい思い出

お母さんのこと

### 2 情景・その時の様子

姉弟と私の友だちが家に遊びに来ている。いっぱいいいる。
私は友だちに「早く帰って」と言う。
その後、私の態度、友だちに言ったことで、
母に「みんなと仲良くしなさい！」と怒られる。

## 3 感情リスト（強烈な出来事が起きた時の私の感情）

希望・怖い・怒り・悲しみ・さびしさ・喜び・不安・悔しい・おどろき・がっかり・安らぎ・憎しみ・焦り・むなしい・憂うつ・前向き・きもい・罪悪感・恥ずかしい・感謝・信頼・だるい・諦め・優越感・愛・ドキドキ・イライラ・もやもや・劣等感・心配

## 4 本当はどうして欲しかった？ どうしたかった？

頭ごなしに怒らないで、「どうして早く帰ってって言ったの？」と
聞いてほしかった。
私はみんなが嫌いなんじゃなくて、たくさん来ていたから、家が
ガチャガチャしていて、ゆっくりしたかっただけ。私を見てほしかった。

## 5 言いたいこと・思ったことを伝える（潜在意識のクリーニング）

お母さん、私が友だちに「早く帰って！」って言っちゃったとき、
お母さんは「みんなと仲良くしなさい！　いい子にしなさい！」って
怒ったけど、お姉ちゃんや弟の友だちも来てて
家の中がガチャガチャしてて、イヤだったんだよ。
友だちがイヤだったわけじゃない。
家でゆっくり自分のペースで遊べなかったのがイヤだっただけ。
だから、怒られたとき、すごく驚いたし、もやもやした。
お母さんにもっと私を見てほしかったんだよ！
と、ちびちゃんはお母さんに大きな声で言っていました。
言い終わったら、私のところに走ってきたので、ぎゅっと抱きしめて、
「いい子・いい子」しました。

## 6 終わってどう感じたか

ちびちゃんワークをして、とてもスッキリしました！

いい子でいないといけない、私を出してはいけないと、どこか思っていましたが、昔、お母さんとおばあちゃんに言われていたからだなぁ……と感じました。あと、自分のペースを守りたいのは、いまも小さい時も同じなんだと感じました。


どうでしたか？

**ちびちゃんワーク**の流れがわかっていただけたでしょうか？

頭で考えてもぐるぐるしてしまって、なかなか苦しいものです。まずは「実践あるのみ」です。

日本人は基本的に堅実な民族だと私は思っているので、目には見えないイメージワークはどちらかというと苦手で、最初はイメージができなくて戸惑うかもしれません。ですが、不思議なことに何度も繰り返すうちに、**ちびちゃん**とも打ち解けて、スムーズに潜在意識の中に入っていくことができるようになります。

焦らず、ゆっくり実践してみてくださいね。

※156ページにあるワークシートを参考にしてください。

また、子どもの頃のつらい出来事を思い出せないという人は、日常生活でもやもやしたり、イライラしたりした時に、その感情を受け流さないで「何にいらだっているのか、何がイヤなのか」に目を向けてみてください。すると、フッと子どもの頃のつらい出来事を思い出す瞬間があります。

そうしたら、**ちびちゃん**とワークをして、自分を抱きしめ癒しながら、自分の本心「どうしたかったのか、どうして欲しかったのか」をちゃんと受け止めてください。そして、押し込めていた感情を解放していってください。

## 「もやもや」「イライラ」はちびちゃんが指揮しているサイン

日常生活でさまざまな現象が起きた時、潜在意識の性質は無意識のうちに反応します。それは**ちびちゃん**があなたが傷つかないように、行動を指揮しているからです。たとえばイライラ、もやもやした時、友人や家族に話を聞いてもらい、その時はスッキリしたとしても、性質が反応して**ちびちゃん**が指揮していることが理由で起こっているので、しばらくするとまた同じようなことでもやもや、イライラし、悩みを繰り返します。つまり顕在意識＝認知できる部分でしか物事を見ていないので、悩みの根源的な解決に至っていません。

しかしながらこの「もやもや」「イライラ」こそ、自分の性質を見つける大きなポイントになります。

ですので、感情が動いた時にはそのまま放置せず、感情の裏にある性質について**ちびちゃんワーク**で探ります。そうすると、性質が生まれた原因が頭に浮かび、自分にはどんな性質があるかが見えてきます。

また、日常生活でもやもやしたり、イライラする場面があったら「この感情の裏には何かの性質が隠れているのかなぁ?」と思って、その正体を探ってみてください。

潜在意識の中にはいろいろな性質が隠されていますから、どんどん見つけていきましょう。それらを適切に対処していけば、どんどん生きやすくなっていき、いつの間にか悩みが解消された、なんてことも度々起きてきます。

以下の事例は、子ども時代に私が体験した出来事です。

私の母親は怒らせると3日でも5日でも私を無視するところがありました。私が明るく「おはよう」とか「ただいま」などと声をかけても知らんぷり。口をきいてくれなくなるのです。なので、どうやって母親に口をきいてもらえるか、そればかり考えていました。子ども心に母親に気を使い、ご機嫌を取ろうとしたりしていたのです。

その時生じた感情を探ってみると、「悲しみ」「不安」「心配」といったものが出てきました。こんな感情は二度と味わいたくないので、それを避けるために〈母親の顔色をうかがわなければならない〉、怒らせるとめんどうだから〈相手に合わせなければならない〉という性質が生まれ、潜在意識に保存されていました。

次のワークでこの事例をどのように見つめたらいいかみてみましょう。

# 潜在意識の中にある自分の性質を見つける

## 性質ワーク① ～自分の性質を見つける～

**1** 子どもの頃に親（大人の誰か）に対して不快な感情を持った出来事、いま思い出される中で強烈な出来事とは何ですか？

怒ると何日も口をきいてくれなかった

## 2 感情リスト（強烈な出来事が起きた時の私の感情）

希望・怖い・怒り・悲しみ・さびしさ・喜び・不安・悔しい・おどろきがっかり・安らぎ・憎しみ・焦り・むなしい・憂うつ・前向き・きもい・罪悪感・恥ずかしい・感謝・信頼・だるい・諦め優越感・愛・ドキドキ・イライラ・もやもや・劣等感・心配

## 3 その時の相手の様子を思い出し、相手の短所はどんなところですか？

気が強い・短気・支配したがる・不機嫌を周りにまき散らす・気難しい

## 4 その時、私はどうしていたの？

タイミングを見ながら、ご機嫌伺いをする（声をかける）

## 5 4での行動をした理由は？

母親と早く仲直りしたかったから。早くいつもの
お母さんに戻ってほしかったから

# 6 できた性質は何ですか？

母親の言うことには従わなければならない
母親の機嫌は取るべきだ

この「**性質ワーク**」をすると、自分の親を否定するような感じがすると言って、二の足を踏む人がいますが、このことは親を否定することとは別物ですので気にする必要はありません。潜在意識に落とし込まれている大きな岩となっている性質を見つけるためには、過去にあった事実に**正面から目を向け、自分と向き合い、すべては愛だと知るための作業**だからです。もう一つは自分の人生をよりよくするために、現在の自分の行動を決定づけている性質が何なのかを見定めるだけでガラリと人生を好転させることができるからです。

親の人生と自分の人生は違います。人生を豊かに、幸せに生きる切符は誰しもが持っています。その切符を手にし、自分らしく生きるための方法の一つが「**性質ワーク**」なのです。

また性質が作り出されるきっかけとなったのが母親だとしても、母親だけに反応するのではなくすべての人間関係に影響を及ぼします。そのため、私の人生のさまざまな場面で〈人の顔色をうかがう〉〈相手に合わせる〉という性質が顔を出し、私の行動に影響を与えてきました。

当時は、自分で考えて行動を起こしたつもりでいましたが、性質の存在を知ってからは、「あれもそう、これもそうだった」と思い当たるようになったのです。つまり「私は相手の言うことには従わなければならない」「相手の機嫌は取るべきだ」という指令になり、私の行動を**ちびちゃん**が指揮していたのです。

## イメージすることで潜在意識が変わる

**ちびちゃんワーク**や**性質ワーク**の基本にあるのは、イメージすることです。イメージの中で**ちびちゃん**と対話し、子ども時代の親や大人たちに会いに行って自分の思いを伝えることができます。

イメージの力は偉大です。たとえば、いま、ここにレモンはありませんが「頭の中で世界一酸っぱいレモンを思い浮かべてみてください」と言われただけで、さあ、どうでしょうか？　口の中に唾液がたまってきませんか？

ただ頭（イメージ）の中でレモンの形を想像しただけなのに、酸っぱい味が頭を支配し、実際に唾液が流れてくるのです。すごいですよね。

実は、脳は「現実」と「イメージ」の区別ができません。だから、空想したものであっても、脳は現実だと思い込み、イライラ、もやもやが癒されたり、心がスッキリしたり、行動が変わり、目の前の現実が変わります。**ちびちゃんワーク**で潜在意識にアクセスし、傷ついた過去を取り扱うことで潜在意識に変化をもたらすことができるのは、こういった脳の特性を活かしているからなのです。

脳と潜在意識の仕組みや性質の仕組みを知ると、自分を知ることへの興味が膨らみませんか。

いくら「自分を変えたい」と願っていても、自分がどんな性質を持っているか、どんな感情を抱いているのかを知らずに、自分をどうにかしようと、さまざまなことに取り組んだとしても上滑りしてしまい、心のどこかで「どうせ自分なんて」とか「やっぱり自分は変われない」と思っていたら、願いが現実化することはかなり困難になります。

**ちびちゃんワーク**は、イメージの力を利用して、潜在意識に働きかけ、本当はどうしたかったのかを見つけます。そうやって記憶を書き換えて潜在意識のクリーニングをしていきながら願いを現実化していきますが、そのためには、何年も放置してホコリをかぶせたりしないことが鉄則です。日常生活でもやもややイライラを感じたら、その都度、**ちびちゃんワーク**や**性質ワーク**を行い、潜在意識の中をきれいに片付けていきましょう。
そうすれば、あなたの人生の土台は整い、軽やかに夢や願いが叶えられるようになっていきます。

※１５８ページにあるワークシートを参考にしてください。

## 気にしていることが何度も起こる理由

私たちが持っている性質は、潜在意識の中に存在しています。そして、潜在意識にある性質によって、私たちの行動を**ちびちゃん**が指揮します。自分の行動は自分の意志で決めていると思っていても、実際のところ、そうではありません。

顕在化している領域はほんの少しだけで、眠れる巨人とも言われている巨大な無意識の領域（潜在意識）が水面下に隠されています。この大きな無意識のかたまり（潜在意識）が私たちの行動を指揮し、いつも同じ行動パターンを繰り返させるのです。

たとえば、〈自分は何をやってもうまくいかない〉という性質を持っているとします。すると、職場で上司に「この仕事をやってみないか？」と声をかけられても、「どうせ自分は何をやってもうまくいかない」と思い込み、その誘いを断ってしまいせっかくのチャンスを逃してしまいます。

上司から見て「こいつは、やればできるはずだ」という評価をされていても、自分自身を客観的に判断することができず、無意識下にある性質によって行動が制限されてしまうのです。

そして不思議なことに、人はその性質に気づくまで、人を変え、出来事を変えて、似たようなことが、その人の人生の中で何度も起こるのです。

たとえば高校時代にクラスに好きな人がいて、ずっと片思いをしていたとします。彼はサッカー部の主将をしていてリーダーシップもあり、成績も優秀。女生徒からの人気も絶大で、「容姿も頭のよさも普通並みの自分には、高嶺の花だ」と最初から諦めています。

それでも「近くにいたい」という思いが募り、サッカー部のマネジャーになります。マネジャーになれば、彼と話をする機会も増えます。それだけで幸せだったのです。
ある日、部室でサッカーボールを磨いていると、彼が部室に入ってきました。そして、自分の目の前に立つと「今度の日曜日、映画を観に行かない？」と誘われたのです。普通なら、ここで「やったー！」と飛び上がるところです。

けれども、彼女の性質が〈どうせ自分は何をやってもうまくいかない〉という潜在意識の世界から現れ、「ごめんなさい、私、週末は忙しくて……」と心にもないことを言わせてしまうのです。
「何をやってもうまくいかない私が彼と付き合っても、うまくいくはずがない」と決めつけ、幸運の女神の前髪をあえてつかまないようにしてしまうのです。

一事が万事、そんな感じです。自分の人生を振り返った時、「そういえば、あの時も同じようなことがあった」と思い出すことがあったりしませんか。何度も同じことを繰り返してしまうのは、自分の潜在意識の中に存在する性質によって、**ちびちゃん**が指揮しているからなのです。

# 違和感を覚えたその時に、すぐにワーク

日常生活で遭遇した違和感。それは言葉にするともやもやだったり、イライラだったりしますが、そういう感情が浮かんだら、自分を見つめる大チャンス！

「**ちびちゃんワーク**」や「**性質ワーク**」を繰り返す度に、自分がどう感じているかがどんどん具体的にわかってきます。

ああ、私はこういうことが心地よくてこういう場面は心がちょっと苦しくなってくるんだなというように、自分を知ることができるようになると、つねに自分をご機嫌さんにするためにの対処がスッとできるようになってきます。たとえ周りがどうであれ、つねに自分がご機嫌さんでいると、面白いくらい目の前の現象

が変わってきます。

**ちびちゃんワーク**がうまくいったかどうかは、自分の心がスッキリしたかどうかでわかります。とはいえ、そんなにすぐにスッキリしない場合もあるのです。そんな時でも心配しなくても大丈夫です。早く解決しなくていいんです。その時その時でやれる方法を行えばいいんです。

**ちびちゃんワーク**をしても、どうしてもスッキリしない時は『バカヤローワーク』という方法があります。

やり方はまず、潜在意識の中の**ちびちゃん**に会いに行きます。**ちびちゃん**と合流したら、キレイな海、青い空、白い砂浜、心地いい風、そのような、あなたが心地いいと感じるきれいな海辺をイメージします。そして、**ちびちゃん**と2人で、海に向かって思いっきり、言いたいことを叫ぶのです。

たとえば、次のように。

「バカヤロー！　お母さんのバカヤロー！　○○って言われて傷ついて悲しかったんだぞー！」

このように思いの丈を存分に吐き出すのです。最後には、**ちびちゃん**と一緒に笑い転げるくらいの勢いで、やってみましょう。

これで大半はスッキリすればよし、それでもスッキリしない場合には、再び**ちびちゃんワーク**をしましょう。**ちびちゃん**に「お母さんに自分の気持ちを伝えたのに、スッキリしない。どうしてかなあ？」と聞いてみてください。

たとえば、**ちびちゃん**から「実はね、お母さんに抱っこしてもらいたかったんだ」と言われたら、お母さんにそのことを伝えてもらいます。

そうすると、お母さんが抱っこしてくれるかもしれません。万が一、抱っこしてくれなかったら、代わりに、大人のあなたが**ちびちゃん**を抱っこしてもかまいません。

「お母さんじゃなくちゃイヤだ」ということなら、何度でも**ちびちゃんワーク**でトライすることができます。気持ちがスッキリするまで繰り返しましょう。

**ちびちゃんワーク**は、1回やればいいというものではありません。同じ場面を何度やってもいいし、対象者を変えてトライしてもいいのです。やればやるほど、**ちびちゃん**の荷物が軽くなり、自分の日々の行動もどんどん変わっていきます。

**ちびちゃんワーク**はとにもかくにもイライラすることやもやもやすることが無くなるまで続けることが大事。毎日できれば、それが理想ですが、もやもや、イライラした時にやるということでもOK。継続することで、心の中の手入れと整理が自然とされ、潜在意識のクリーニングができていきますので、人生が面白いように好転していきます。

自分の性質を知るワークには前述したような「不快な感情」を持った場合のものもあれば「楽しかった感情」を持った場合のものもあります。どんな性質が自分の中にあるのか、できるだけ多くやってみるとより自分への理解が深まります。

# 第３章

# 最強の
# セルフカウンセリング

# 知って、癒して、手放す。この繰り返し

すでに書いているように、**ちびちゃんワーク**の目的は、性質をなくすことではありません。**ちびちゃんワーク**で、性質を小さくすることはできても、消すことはできないからです。

自分の人生の川の流れの中にあった大きな岩を小さな石に変えて、川岸によけておくだけです。それだけで川は滞りなく、流れていきます。

「せっかくクリアしたと思ったのに、また出てきた！」と焦る方がいます。でも性質は、すでに自分の一部になっているのですから出てくるのは当たり前のことなのです。いくら自分の鼻の形が気にいらないからといって、鼻が無くなったら

不便だし、おかしな顔になってしまいます。それと同じように性質は、自分の分身だと思って受け入れてしまえばいいのです。

「この性質が自分の人生の流れを滞らせていたんだ」と気づいただけでも大きな変化なのです。気づいたからこそ、取り扱うことができるわけですからね。

もし、同じ性質が現れたら、「はいはい、出てきましたね」と対処して、川岸によけておけばいいのです。

人間、日々、暮らしていれば、いろいろなことが起こります。そこには家族や周りの人とのちょっとした誤解やいさかいもあります。

そういう時こそ、**ちびちゃんワーク**や**性質ワーク**の出番です。もやもや、イライラは放っておかずに対処しましょう。ちょっとした出来事でもかまいません。小さなことでも見つめてみると、性質ができた大元にたどり着くこともあるのです。

以下は最近、私が体験した事例です。

私は仕事柄、いろいろな人との付き合いがあり、メールでのやりとりも頻繁にあります。そんなある日、受け取ったメールの文面がとても上から目線だと感じ、それがすごく気になり、久しぶりに超イライラ、もやもやしたのです。

そこで、私の中のどんな性質が反応しているんだろうと思い、その時の感情を羅列してみました。イラッとか、ムッとした時は、何らかの性質が反応している証拠だからです。

この時の感情は「**怒り、悔しい、イライラ、もやもや**」でした。

すると、子どもの頃の体験がふっと湧き上がってきたのです。

名づけて「なめんなよ！　たくあん事件」です。

それは私が小学校5年生の時の出来事でした。

子ども会のデイキャンプでカレーライスを作ったのですが、私はたくあんを切る係になったのです。デイキャンプには一部の父兄も参加していました。

私がたくあんを丸切りにしようとしていると、おばさんが2人やってきて、こう言ったのです。

「あら、この子ったら、たくあんの切り方もわからないの？　たくあんは短冊切にするものよ。親も親なら、子も子だね。たくあんの切り方も知らないなんて、出来そこないもいいところだ」


実は、この言葉の裏には、私の母親との因縁がありました。養父との再婚で見知らぬ土地に引っ越した母は、地域になじもうとママさんバレーを始めたのですが、母は中高とバレー部の選手。当然、他のお母さんたちよりは上手だったわけです。いろいろアドバイスをしたところ、「新参者なのに、生意気だ」ということになり、結局、ママさんバレーをやめてしまったのです。

そういう経緯があったため、私がいじめの対象になってしまったというわけです。大人が子どもをいじめるなんて、当時はさほど感じていませんでしたが、い

まになって思うとひどい話ですよね。（苦笑）

早速、「**性質ワーク**」をしてみました。

すると、その時にできた性質が〈私は出来そこない〉というものだとわかったのです。おそらく上から目線のメールを読んで、「出来そこない」と言われたように感じたのでしょう。それでイライラ、もやもやしたのです。

そこで、続けて「**ちびちゃんワーク**」をやり、デイキャンプのおばさんたちに会いに行くと、**ちびちゃん**が大きな声で「あの時、出来そこないって言われて、すごくイヤだったし、悲しかったし、悔しかったんだよ！　私は出来そこないじゃないもん！」と叫び、大号泣したのです。

私が、**ちびちゃん**に「悲しかったね、悔しかったね。大丈夫だよ。あなたはあなたでいいんだよ。愛しているからね」と伝えると、ようやく泣き止みました。

そして私のイライラ、もやもやも収まっていきました。

それから私が**ちびちゃん**に「この〈私は出来そこない〉という性質を手放したい？　それとも持っていたい？」と聞くと、頭をブンブンと横に振りました。「手放したい」ということだったので、その時に感じた、怒りや悔しさの感情と性質にサヨナラしました。そしてそれをきっかけに、知り合いのメールも不思議とまったく気にならなくなりました。

●別技●

ちびちゃんに声をかけて、自分を癒すのとは別に、その場面にいる、当時の自分に愛ある温かい言葉をかけて優しく抱きしめる……という別技もあります。この別技をすると、また心がスッと楽になり涙が出て浄化されるといったこともありますのでお試しくださいね。

# 反転させてアファメーションを作ろう

**性質ワーク**や**ちびちゃんワーク**をして出てきた性質を「手放したい」となった場合、それを達成するために**アファメーション**を作ることが効果的です。**アファメーション**とは肯定的な言葉を使って、自分に暗示をかける方法のことです。この場合だと〈私は出来そこない〉という性質が信念になってしまっているので、この思いを反転させ、以下のように**アファメーション**を作成してみました。

- **私は出来そこない↓**
- **私は私のままで大丈夫！**
- **私は私のままで完ぺきです！**

**アファメーション**を作る際のポイントは、次の2つです。

◆ **主語である「私」を必ずつける**
◆ **否定形ではなく、必ず、肯定文にする（否定形は潜在意識に入らないため）**

×「私は出来そこないではない」「私は母親の言うことをきかなくてもいい」は否定形となりますのでNGです。

**反転させて作ったアファメーション例**

- **私には価値がない　↓　私には価値がある**
- **私は弱虫だ　↓　私は強い**
- **私は誰からも愛されない　↓　私は誰からも愛される　私は愛される存在だ**

私の母親との記憶から作られた性質も反転させてみました。「自分がどう生きたいか」「自分がどうありたいか」を念頭にしていますが、理屈ではなく、直感で作るのがポイントになります。

その結果、次のような**アファメーション**ができました。

- **母親の言うことには従わなければならない　↓　私は私に従います！**
- **母親の機嫌を取るべきだ　↓　私は私の機嫌を取ります！**

**アファメーション**を作ったら、実践しなくては意味がありません。

たとえば、紙に書いて目に見えるところに貼っておいたり、鏡に映る自分に対してプレゼントでも渡すような気持ちで言うのも最高に効果があります。

とくに、「朝起きたて」と「夜寝る前」に鏡に映る「私」に唱えると効果抜群です！

前述したように、脳はイメージと現実の違いがわかりませんから、「なりたい自分」を言葉にするだけで、脳は現実として働いてくれます。そうするとやりたいことのお膳立てが自然と向こうからやって来たりします。ウソのような本当の話なんです。ぜひ、試してみてくださいね。

参考にアファメーションの例を載せておきました。とにもかくにも自分がしっくりくるものを作ったり選んだりするのがコツです。

- **私は愛です！**
- **私は自由です！**
- **私は私の心に従います！**
- **私は強運です！**
- **私は根拠なく最高！**
- **私はできる！**
- **私は大丈夫！**
- **すべてのことは私にとって最終的に良い結果になる！**
- **大丈夫！　私のことは私が愛している！**

- 私はすべてのものから守られている！
- 私はすべてから愛されている！
- 失敗上等！　私の人生はすべて上手くいく！
- 大丈夫！　私は生きてるだけで価値がある！
- 私は私。大丈夫、大丈夫、大丈夫！
- 私は私をご機嫌にします！

「性質を知り、癒して、手放す」を繰り返すことで、あなたの潜在意識の中がクリーニングされ、整理されて、心が晴々とするのです。だいたい3カ月くらい続けていくと、いつの間にか、あなたの行動が変化していることに気づくはずです。

潜在意識の中が散らからないように、いつも整理整頓をする習慣をつけるといいですよ。そうすれば、人生が楽しく、心はいつも笑顔満開になっていきます。

160ページにワークシートを入れているので、ぜひやってみてくださいね。

## 性質ワーク②　〜性質を手放すワーク〜

**1** もやもや・イライラしたことは何ですか

上から目線のメールを受け取って、なんかもやもやした

**2** 感情リスト（いま、心の中で感じている感情は何ですか？）

希望・怖い・怒り・悲しみ・さびしさ・喜び・不安・悔しい・おどろき・がっかり・安らぎ・憎しみ・焦り・むなしい・憂うつ・前向き・きもい・罪悪感・恥ずかしい・感謝・信頼・だるい・諦め・優越感・愛・ドキドキ・イライラ・もやもや・劣等感・心配

## 3 過去や子どもの頃の体験が浮かび上がってきていたら、ここに書いてみてください

小学生の時、近所のおばさんたちに「たくあんの切り方も知らないの」と言われた。

## 4 私の中にあるどんな性質が反応している？

私は出来そこない

## 5「私はこの性質を手放したい？　それとも持っていたい？」と、ちびちゃんに聞く

☑この性質を手放したい
□この性質を持っていたい

## 6 性質を反転させてアファメーションを作ろう（性質を手放すための対処方法）

私は私のままで完璧です。

・アファメーションは必ず主語を「私」にしてください。
・いつでもブツブツと何度でも言ってＯＫ。
・起きてすぐと、夜寝る前に鏡に映る私に向かって、私に指を向けて唱えると、とても効果があります。

# 性質を手放すかどうかはあなた次第

海外で実際にあったお話です。両親が早くに亡くなり、児童養護施設で育った女性がいました。成人した彼女は経済的にとても豊かなしっかりとした男性に見初められ、結婚しました。彼女は美しく、頭もいいのですが「こんな私に幸せがいつまでも続くわけがない」という思いにとらわれ、いつも「いまは幸せだけれども、いつか不幸になるんじゃないか」と怖れていました。

そんなある日、それが本当に現実になってしまいます。彼女の夫が突然、亡くなったのです。「ああ、やっぱり」と思った彼女でしたが、夫との間には子どもがなく、すべての財産が彼女の手に渡りました。

大金を相続した彼女に生活の心配はなく、死ぬまで贅沢に暮らせるほどの財産が残ったのですが、それでも彼女の心は不安でいっぱいのままです。その数年後、ある男性とお付き合いをして結婚したのですが、その方は彼女の財産を知ったとたん、彼女には優しいけれども、働きもせず、ヒモのような夫になってしまい、どんどん財産を食いつぶされ、最後には財産はすべて消えてしまいました。その時、彼女は「私が幸せになれるなんて、あるわけがなかったんだ」と、不幸を嘆くより、むしろ納得していたそうです。

彼女の潜在意識の中には「幸せな状況＝不安」「不幸な状況＝安心」、性質としては〈私は幸せになる価値がない〉があり、潜在意識にいる**ちびちゃん**は、彼女を不安にさせないために幸せな状況にならないように働いていたといえるでしょう。できれば彼女がこの性質に気づき、小さくして「幸せ＝安心」だと感じてもらえたら、と思いますが、こんな極端な例の場合でも、この性質を持っていたいかいたくないかは、本人が決めることなのです。

何がなんでも「自分の性質の影響を小さくしなければならない」と思う必要はないのです。

たとえば、〈自分は心配性だ〉という性質があったとしても、「別にそれでも構わない」「今生ではそういう人生を送ってみよう」と思うなら、日常生活で起こる現象に対してその性質に伴う感情が動いても、そのままの感情を味わっていけばいいと私は思うのです。

実際、心配性の方は、旅行に行く際なども忘れ物をしないように何度も確認し、ミスを犯すことが少ないという利点があります。

でももしあなたが、「いや自分はもっと心配せずにおおらかに生きたい」と思うなら、日常生活で起こる現象に感情が動いた時に、放置せずに対処していけばいいのです。

それをコツコツ繰り返せば、いつの間にか感じ方が変わり、言葉や表情まで変わり、いつの間にか行動パターンも変わってきます。行動パターンが変化すると、目の前の現実もうれしい！　楽しい！　といったポジティブな感情を感じることができるものにどんどん変化していきます。

　そこまで変化していくと〈自分は心配性だ〉という性質が小さくなり、心配性かどうかなんて気にならなくなってきます。自然とおおらかに生きることができるようになっているのです。日常生活で起こる感情が揺さぶられる現象を放置するか、対処するかはあなた次第なのです。

# 自分のループに気づいたら、さあどうする？

さて、ここまで読んでいただき、その上で自分の過去の行動を振り返った時、「もしかして、あれは潜在意識の性質のしわざでは？」と思い当たることが頭に浮かんできた人もいるのではないでしょうか？

そして人や状況が変わっているだけで、もしかして同じパターンを踏んでいるかも……と不安に思った人もいるかもしれません。

ですが、大丈夫です！　**性質ワーク**で潜在意識に保存されている性質が何かを見つけ、それを解放できれば、ちびちゃんの指揮する力が弱まり「なりたい自分」

「私がうれしいと感じる選択」に向かって行動できるようになります。そうなれば、自分を信頼できるようになり、他人をも信頼できるようになっていきます。

他人を信頼できれば、困難な出来事に出会った時、自分だけで何とかしようとする必要はなく、他人に助けを求めることもできます。そして人間関係もいまよりもっとうまくいくようになります。自分以外の人やＳＮＳ、周りからの情報を信じることより、まずは自分を信じること。それができれば、人生は軽やかになり、やりたいことがどんどん実現するようになるのです。

かくいう私も以前はこのことに気づかずに、潜在意識にいるちびちゃんに行動を指揮されていたがために、いつも同じようなパターンに陥っていました。

たとえば当時、私の中には〈順番は守らないといけない〉という性質がありました。

ある日、私は航空会社のチェックインカウンターで搭乗手続きをしようと、２つの列のうちの片方に並ぶと、私の前のお客さんが手間取り、なかなか私の番にならなかったのです。

一方、隣の列はスイスイ進み、私よりだいぶ後ろに並んでいたお客さんのほうが先にチェックインカウンターにたどり着いていました。

それを見た私は、「え～!!」とイライラしてきました。

「なんで？　私のほうがだいぶ前から並んでいたのに」

実はこれ、誰のせいでもありません。ただ私の潜在意識にある性質に〈順番は守らないといけない〉というものがあり、それが反応して怒りの感情がわき起こっていただけなのです。

それだけではありません。以前の私は、私の中にあるたくさんの性質に振り回されてはイライラ、もやもやしていました。そしてその度に友人に相談したり、心理学の本を読んだり、自己啓発セミナーなどに行ったり、有名な精神科医の講演会に行ったりしました。すると、その時は原因がわかったような気がしてすっきりするのですが、しばらくすると元の木阿弥。同じような場面に遭遇すると、やっぱりイライラ、もやもやして同じパターンのループに入ってしまうのです。

つまり、どんなにいただいたアドバイスが正しく、頭では理解できても、イライラ、もやもやしてしまう根本原因までは変えることはできなくて、目の前の現実から感じるイライラやもやもやをなんとかしたいなら、根本原因がある潜在意識にまで作用する方法でなければ変わらないのです。


では、どうしたらループから脱して根本的に解決し、心がスッキリできるか？

それは、他人や情報に自分の人生を委ねることなく本当の意味での「自立」をすることです。人の意見を軸にしていると、その時は「そうなんだ」と納得しますが、他人の意見を自分の意見にすり替えているだけで根本的解決をしているわけではないので、しばらくすると、またもやもやしてしまうのです。以前の私もそうでした。いつも誰かの価値観や考え方に頼らざるをえなくなり、親や周り、セミナーやSNS、権威ある人の言葉、そこで得た価値観や考え方に左右されてしまいます。

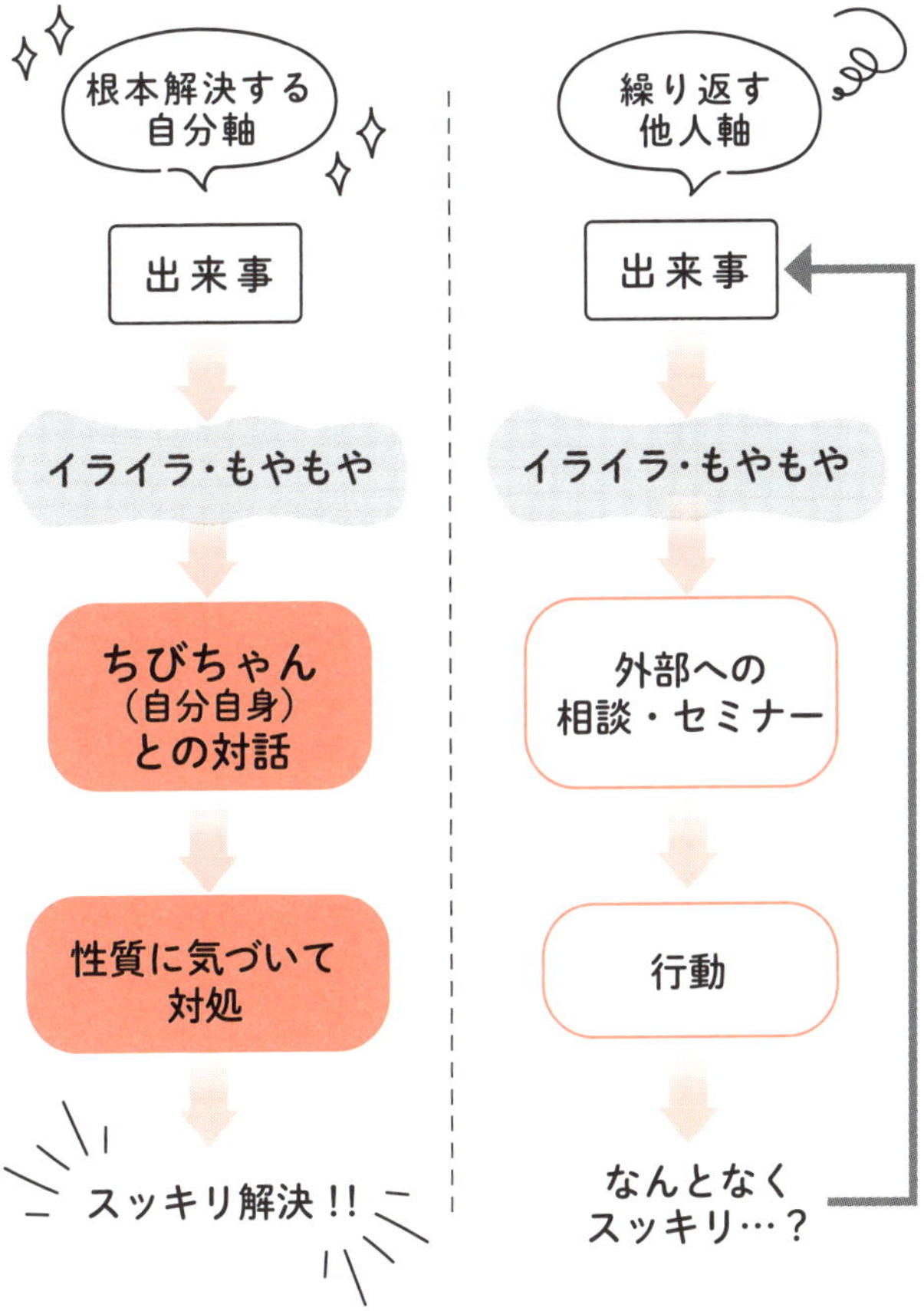
根本解決する
自分軸
出来事
イライラ・もやもや
ちびちゃん
（自分自身）
との対話
性質に気づいて
対処
スッキリ解決!!
繰り返す
他人軸
出来事
イライラ・もやもや
外部への
相談・セミナー
行動
なんとなく
スッキリ…？
根本的な解決ではないので
繰り返してしまう

そんな私でしたが、「**性質ワーク**」「**ちびちゃんワーク**」の方法を身につけ、自分の中の性質を自覚し、対処できるようになると、私の感情は次のように変わっていきました。

ある日のことです。スーパーのレジに並んでいると、隣のレジのほうが先に進み、私の後ろにいたお客さんがスッと隣に移動し、私より先に会計をしたのです。いつもならイラッとするパターンですが、すでに**ちびちゃんワーク**を経験していたので、怒りの感情はわかず「お先にどうぞ」という気持ちで心の中はとても晴れやかでした。

「お先にどうぞ」という精神で行動をしだしたら、イライラすることがなくなり、不思議なことにほかの人から逆に「お先にどうぞ」とされる機会が増えてきたのです。そんな自分でいられることにうれしくなり、少しずつ自信もついてきて自分のことがどんどん好きになっていったのです。

# 「どうしたい？」は自分で決めていい

これまで過去の出来事から作られた性質によって、自分の行動が**ちびちゃん**に指揮され、さまざまな場面で決断をし、行動に移してきました。

けれども、何度もお伝えしてきたとおり、それは本来の自分自身が決定したものではなく、すべて潜在意識の中の**ちびちゃん**が、子ども時代に受けた心の傷を呼び覚まさないようにと、配慮してくれた結果なのです。

子どもの頃は、**ちびちゃん**の配慮によって心にダメージを受けずにこられました。子どもの心は繊細で、ショックな出来事を受け止めることができません。怒りや悲しみなどの大きな感情に圧倒されて、自分自身を保つことができず、心身を病んでしまうことにもなりかねません。だから、**ちびちゃん**の存在はありがたいことだったのです。

とはいえ、大人になってからの**ちびちゃん**の配慮は、下手をすると過度の防御となってしまいます。頭で考える思いと本心との乖離で心が苦しくなってきます。それが「生きづらさ」につながってくるのです。

大人になったいま、**ちびちゃん**に守ってもらわなくても、私たちは本来自分で自分の心を守ることができるように成長しています。それなのに、あなたを守るためとはいえ、自分の意思とは関係なく行動を指揮されるわけですから、違和感を覚えるのは当たり前です。

「何か、違うな」と悩み、知り合いに相談したり、人生に関する本を読んだり、尊敬する人物の話を聴いたり、いろいろ実践することはとてもいいことだと思いますが、最終的には自分の人生を彩るのは自分なので「その決断は心地いいか」「人生に取り入れるか」を自分で決めていいのです。

そして、まわりの意見は参考程度にし、影響はされても最後の決断は自分の中にある答えに従うと決める。その自分の中にある答えを見つけて光を当てる方法が**ちびちゃんワーク**です。**ちびちゃんワーク**を通して潜在意識の中核を成しているる**ちびちゃん**に出会い、「本来の自分を知り、感情が癒され、いらない性質は手放す」ことで、「なりたい自分」に近づくことができます。

私が手放した性質の中には、〈順番は守らないといけない〉というものがありましたが、たとえ**ちびちゃんワーク**で出てきたとしても、すべて手放さなくてもいいんです。**「べき、ねば」ではなく、「心地いいか」が一番大事**なので、もしもその性質〈順番は守らないといけない〉を今後の人生に採用してもいい、と思うなら、手放す必要はありません。

# 私がどうしたいかを一番知っているのはちびちゃん

潜在意識にいる**ちびちゃん**は、あなたが傷つかないように、と、感情+体験からできた「性質」の荷物をたくさんたくさん抱えています。その荷物は「**ちびちゃんワーク**」をしていくうちに「もう守らなくても大丈夫なんだ」と安心して、**ちびちゃん**の手から離れていくのです。軽くなった**ちびちゃん**は、そのままあなたと共にいます。そして、あなたがもっと自分の想いに正直に自由に動くことを誰よりも喜んでいます。

日常生活でもやもや、イライラした時や「私はどうしたいの?」などと感じた時は、すぐにあなたの**ちびちゃん**に会いに行ってください。そうすると意外な答えや思ってもいなかった視点を教えてくれたりします。まさに**セルフカウンセリング**です。

そして**性質ワーク**で自分が持つ性質を知ると、どうして自分はイライラ、もやもやしているかがわかってきます。いわば「自分のトリセツ」ができるようになり、むやみにイライラ、もやもやすることが少なくなります。なぜならイライラ、もやもやは性質が反応している証拠なので「あ！　いま、私のどんな性質が反応しているんだろう？」と自分の中にある性質を探すからです。だから外側に対して問題を作らず、自分以外の誰かのせいにすることもなく「すべての源は自分にある」というこの世の法則に沿った捉え方をしていくことがスムーズにできるようになっていきます。

このように**ちびちゃんワーク**を続けていくと、潜在意識に保存されている性質が小さくなり、日常生活で影響を受けることが少なくなり、また、「**セルフカウ**

**ンセリング**」のようなことが当たり前のようにできるようになります。

**セルフカウンセリング**とは、「私はどうしたいの？　私は何を求めているの？」といった思いが浮かび上がってきた時などに、**ちびちゃん**に会いに行き、**ちびちゃん**に浮かび上がった思いを質問することから始まります。

そうすると、**ちびちゃん**は「あなただけの答え」を伝えてくれますので、外に答えを求めることなく自分だけの心地いい答えを見つけることができます。なので、日常生活でフッと覚える違和感やイライラ、ももやした時は**ちびちゃん**に会いに行き、**ちびちゃんワーク**をして、自分の感情や本当の思いを観ていけばよいのです。そしてそれを繰り返していると、どんどん自分が欲しているものや感情の根本となっているものが見えてきます。そのことが自分自身を理解することにつながり、自己信頼にもつながっていきます。

自己理解と自己信頼が整ってくると、自分の願いに基づいた行動ができるようになります。すると、願いがどんどん叶えられるようになり、気づくといつの間にか「なりたい自分」になっているというわけです。

この段階にくると、自分が心地いいと感じるモノの見方、考え方、価値観が身につき、本当の意味での「自立」ができるようになります。「※自灯明」の世界でもあります。

いわゆる自己啓発のセミナーでは、成功することを一番の目的にします。けれども、「成功するから幸せになる」のではありません。いまある幸せを見つけ、幸せを感じる力が増すことで「幸せだと感じる出来事が起こってくる」のです。つまり、「成功」が先にあるのではなく、「いまある幸福を感じられる私」がまずあって、幸せだという感情を潜在意識に落とし込むことで、幸せな状態が現実化するのです。

成功することを目的にすると、たとえ成功したとしても、すぐに次の成功に向かわざるを得ないので、永遠に幸せに到達することはできません。

経営者など多くの人が「一生懸命にがんばれば、成功できる。成功すればするほど幸せになれる」と信じる傾向がありますが、それでは無限ループに陥ってしまったりすることもあるのです。

※自灯明…お釈迦様が弟子に伝えた言葉で、自分自身を信じて生きること。他人の意見に左右されずに自分を拠り所として生きること。

# 「なりたい自分」にいつでもなれる事実

私がこの本を通して読者の皆さんに伝えたいことは、次の３つです。

**① 喜びあふれる私に戻る**

**② みんな違って、みんないい**

**③ 私の中のいまあるものに目を向け、愛でる**

小さい時、とくに赤ちゃんは、つねに自分の思いや感情に正直です。お腹が空いたら泣き、オシッコがしたくなったら泣き、抱いてほしくなった時も泣いて表現します。気分がよければ、キャッキャッと笑います。

自分の思いや感情を自由に表現して生きていますが、成長するにつれて「〇〇するべき」「普通の人は〇〇するものだ」という価値観に染められていきます。

その結果、「私」の中にある素直な感性（思いや感情）は、自分以外の親をはじめとする他者の価値観や周り（社会やＳＮＳ）の価値観に合わせていくうちにいつの間にか置いてけぼりになってしまうのです。

そして、「私はいま、何を感じて、何を思い、何をしたいのか？」という、自分の人生を歩んでいくのに一番大切な「地図」を見失ってしまうのです。

私が思う「自分らしく生きる」とは、「自分にとっての喜びに生きること」です。それを実行するためには、自分の「本心」を知る必要があります。その「本心」こそが自分の人生の地図となるのです。

「本心」を自分の人生の形にするためには、潜在意識の中の**ちびちゃん**が持っている荷物（感情と体験）を軽くする必要があります。それができないと、日常生活の中でもやもやしたり、イライラしたり、諦めてしまったり、思考がグルグルしてしまったりするのです。

けれども、**ちびちゃんワーク**を実践することで、自分の「本心」を知り、その本心に従い、行動に移すことができるようになります。それが「自分の心に正直に生きる」ことなのです。

「自分の心に正直に生きる」ことは「自分の本音を知ること」であり、「自分の本音を大事にすること」でもあります。

それが実践できると、心が癒され、「うれしい・笑い・楽しい・喜び」といったワクワクするような感情が生まれ、家族や周りの人にもプラスのエネルギーを運ぶことができ、おまけに家族や周りの人たちまでも「うれしい、笑い、楽しい、喜び」などのワクワクするような感情が伝染していくことも可能になり、結果、人間関係まで好転していくことになります。

一人ひとりが自分の心に正直に生きたら、互いの心は満たされているため、人と比べて落ち込んだり人を妬んだりすることとは無縁となり、それぞれを応援できるようになります。

もちろん、足の引っ張り合いもありません。その結果、世の中はお互いを思いやり、リスペクトし、笑顔に包まれますので、当然争いごとも減って平和になるのです。そんな世の中を未来に残せたらうれしいですよね。

そのためにはまず、自分が**ちびちゃんワーク**を実践して笑顔で自灯明な私になり、その喜びをただ感じて、愛ある言葉と行動をしていってください。すべてはそこから始まります。

# 第４章

# ブラッシュアップし続ける「私のトリセツ」

# 自分自身が唯一無二の史上最強のカウンセラー

メンタルコンサルタントをしている私が言うのも変ですが、あなたにとっての唯一無二の史上最強のカウンセラーは他でもない「あなた自身」だと私は思っています。一人ひとりが他人と比べることもなく「私は生きているだけで素晴らしい」と感じることができるようになれば、心の中は自家発電のようにいつも満たされます。

そして「私が私の唯一無二の最強のカウンセラー」であるためには、この繰り返しを何度もしていくことが欠かせません。

**見つける（ちびちゃんワーク・性質ワーク①）**

ちびちゃんとの対話から、自分の本心や感情に気づき、潜在意識の中に自分が持っている性質があることを知ります。

**癒す（ちびちゃんワーク）**

記憶を書き換え、潜在意識のクリーニングをします。つまりちびちゃんワークで気づいた感情をイメージの中で表現して、本当はそうしたかった形を叶えます。どんな感情も思いも認めて、オールＯＫで受け止めます。

**手放す（性質ワーク②）**

反応していた性質から自分自身を解き放ち、アファメーションを作成して人生

**を滞らせている性質を小さくしていきます。結果、徐々に豊かなモノの見方・考え方がいつの間にかできるようになります。**

前章で〈私は出来そこない〉という性質を〈私は私のままで完璧〉というように反転させてそれを**アファメーション**とする、という話をしましたが、他にも**アファメーション**の作り方があります。それは自分の価値観や自分がどう生きたいか、自分がどうありたいか、に沿って作るものです。

# 自分が大切にしたい価値観を見つけよう

まず、自分がどんなことを大切に生きていきたいかを探りましょう。以下にあるさまざまな価値観の表から自分がもっとも大切にしたい価値観を3つ以上選んでみてください。もし思い当たらない場合はこの中にない価値観でもかまいません。

**平等・正義・率直・素直・正直・責任・博愛・友情・信頼・穏和・慎重・寛大・自立（自律）・賢さ・教養・共感・礼儀・貢献・思いやり・親切・謙虚・平和・愛**

選んだ言葉を基に「**アファメーション**」を作ります。

**アファメーション**を言い換えれば、「なりたい自分になるための宣言」ともいえるでしょうか。つまり、自己暗示のための言葉ということです。

**アファメーション**を作るコツとしては、次のような気持ちになれるかどうかをチェックするとよいです。

- **力が湧いてくる**
- **心が落ち着いてくる**
- **なんだかスッキリしてくる**
- **穏やかになれる**
- **冷静になれる**

じっくりと考えて作った**アファメーション**でも、上記のような心持ちになれなかったら、いまのあなたに有効ではないということです。

自己暗示の言葉として心に響きませんから、再度、検討してみてくださいね。

では自分だけの**アファメーション**を作ります。

価値観を決めたら、次に自分の中にある性質の中で手放したいものを思い浮かべます。そして、選んだ価値観を使って**アファメーション**を決めていきましょう。

**私が大切にしたい価値観は○○と○○なので、**
**「○○○○○○○○○」という性質を手放すために、**
**「○○○○○○」というアファメーションにしました。**

ちなみに、私は「正直・親切・思いやり・かっこよさ・与えること・愛・平和」という価値観を選びました。

私が作った**アファメーション**は次のようになります。

**私が大切にしたい価値観は**
**「正直・親切・思いやり・かっこよさ・与えること・愛・平和」なので、**
**「順番は守らないといけない」という性質に対処するために、**
**「ナガタ　ナガサキ」というアファメーションにしました。**

「ナガタ　ナガサキ」という言葉は、紀元前約7世紀の縄文時代〜古墳時代にかけて記された『秀真伝（ホツマツタヱ）』という文献にあるとされ、『古事記』や『日本書紀』の原点になったともいわれています。

「ナガタ」とは「あなたが楽しい」という生き方を示しています。一方、「ナガサキ」とは「あなたの幸せが先」という生き方を示しています。

つまり、「あなたが先に楽しいと思ってくださることが私の幸せ」という意味になり、他の人の楽しみを思いやる生き方をすれば、こちらも不思議と栄えてくるというもの。

この「ナガタ　ナガサキ」という生き方は、古代日本人が大切にしてきた生き方でもあります。縄文時代は約1万6千年続いた時代ですが、「ナガタ　ナガサキ」という生き方を実践していたとすれば、長期にわたる安定した繁栄もなるほどな、という気がします。

「ナガタ　ナガサキ」は私にとっては「寛容な人になりたい」という私の理想に近づいていくための**アファメーション**なのです。

先述した「順番は守らないといけない」という私の性質は、ことあるごとにイライラもやもやさせる、私の人生をとても不快にさせるものでした。

けれども、**ちびちゃんワーク**を行うことでこの性質を知り、何度も何度も**アファメーション**を自分に唱えることで、たとえ同じ状況になっても、不思議とイライラもやもやすることが少なくなり、気持ちが楽になっていきました。

いわゆる川の流れを滞らせていた岩を**アファメーション**で川岸に移動させた状

態ですね。そのあとも時折はイラっとはしましたが、その度に「ナガタ　ナガサキ」と念仏のように唱えたのです。厳しく人をジャッジメントする裏には「正しく生きなければならない」「間違えてはいけない」といった裁判官のような感覚がどこかにあったためですが、そんな自分に居心地の悪さを感じていました。

あれから数年、いまでは全く反応しなくなりました。最近では、たとえば運転中に他の車から追い越されても、「お先にどうぞ」という気持ちで譲っています。以前の私なら考えられなかったことです。

また悩みの迷路にいる時、私が尊敬している納税日本一の実業家であり著者である斎藤一人さんの本を本当にたくさん読んでいました。その中で「困ったことは起こらない」という言葉に出会いました。

私たちは幸せになるために生まれていて、それは権利で義務なんだよ。
だから、困ったことは起こらないの。
困ったと感じることでも、
すべてあなたの魂が成長するために起きているし
あなたに乗り越えられないものは起きないの。

この言葉にどれだけ助けられたかわかりません。勝手にですが、心の中では師と仰いでいるくらいです。

これらを含め、言葉には「言霊」が宿っているのだと日々実感しています。
**アファメーション**は事あるごとに何度も唱えてください。
いつかその言葉があなたの行動と一致してきます。

# ポジティブな性質で作るアファメーション

ネガティブな性質を乗り越えていく**アファメーション**と共に、小さい頃あなたが周りの大人との思い出の中で、楽しかったり、面白かったりしたこともあると思います。そういう経験は、ポジティブな性質となって自分の人生を支えてくれています。その時の想いを**アファメーション**に加えていくとよいでしょう。

「**性質ワーク**」を使った事例を参考にみていきましょう。

## 性質ワーク③　～ポジティブな性質を見つけるワーク～

**1**

**親（大人の誰か）との思い出でうれしかった・楽しかった出来事は何ですか？**

小学校２年生の運動会で徒競走をした時
母が最前列で身を乗り出して「ちさちゃん、がんばれー！」と
大きな声で応援してくれた

**2**

**目を閉じてその時のことを思い出しながら味わってみましょう**

**3** 感情リスト（うれしかった・楽しかった出来事が起きた時の私の感情）

希望・怖い・怒り・悲しみ・さびしさ・喜び・不安・悔しい・おどろき・がっかり・安らぎ・憎しみ・焦り・むなしい・憂うつ・前向き・きもい・罪悪感・恥ずかしい・感謝・信頼・だるい・諦め・優越感・愛・ドキドキ・イライラ・もやもや・劣等感・心配

**4** その時の相手の様子を思い出してみましょう。相手の長所はどんなところですか？

全力
何事も一生懸命に取り組むところ
応援する力がある
頼もしさ

## 5 できた性質は何ですか？

私は応援されている
私は愛されている

## 6 何か感想はありますか？

いまでもずっと私を支えてくれている思い出。
心があたたかくなるし、勇気が湧いてくる。
私自身、子どものマラソン大会の時に、大きな声で名前を呼んで応援する
という行動につながっている。

このように、ポジティブな性質は、自分のなかにあるキラッと光る宝物ですよね。その宝物をますます輝かせるために**アファメーション**はとても有効なんです。

たとえば、**私は応援されている↓私はすべてから応援されまくっています。**
**私は愛されている↓私は史上最高に愛されている。**
のように**アファメーション**を作ります。

ネガティブな性質があれば、ポジティブな性質もあります。どちらも大切な「私」の一部であり、人生を変える**アファメーション**になります。

**ちびちゃんワーク**を日常生活に取り入れて、どんどん**アファメーション**を作りましょう。

※162ページの表を参考にやってみてください。

## 「一生使えるちびちゃんワーク」は ブラッシュアップし続ける

人間は生きていれば、本当にいろいろな出来事に遭遇します。楽しいこともあれば、つらいこと、悲しいこともあります。

**ちびちゃんワーク**で自分の性質を「見つけて、癒して、手放す」ことで、自分の人生が明るい方向へと導かれたとしても、時に迷い、悩むこともあるでしょう。そういう時は何度でも**ちびちゃんワーク**をやってみてくださいね。やればやるほど人生のステージが変わっていくので、状況の変化に合わせて何度でも実践してくださいね。

そして、**ちびちゃんワーク**を実践しながら、以下の10のポイントをつねに自分と**ちびちゃん**に聞いて、「**私らしく生きているか**」をチェックしてほしいのです。

いまやっていることが、自分の心に正直に生きていることなのか、つねに点検することが大事なのです。

## 「私らしく生きているか」チェック

- □ 1 自分の心に正直に生きているか
（本音を大切にできているか）
- □ 2 自分にウソをついていないか
- □ 3 人と比べていないか
- □ 4 大切な人を大切にできているか
- □ 5 自分の思いを丁寧に伝えられているか
- □ 6 自分をご機嫌さんにできているか
（自分を喜ばせているか）
- □ 7 愛ある優しい言葉を使っているか
- □ 8 感情を表現できているか
（例：うれしい、楽しい、悲しいを丁寧に伝えられているか）
- □ 9 自分の体を愛し、丁寧に接し、大切にできているか
- □ 10 なりたい姿や得たい未来を描けているか

この10個のチェックに「○×」をつける必要はありません。
自分に問いかけて、対話してみるためのきっかけにしていただけたらいいのです。

**ちびちゃんワーク**をしながら、「いまの私」を感じながら、時折チェックしてみることをお薦めします。

周りの「目」や「正しさ」を判断の軸にしないでください。自分で考え、「自分なりの答え」を出し続けていくことで「自分軸」が太くなり、揺るぎないものになってきます。とはいえ、いままでずっと周りに気遣い我慢をしてきたという場合などは、自分なりの答えを見つけたとしても、それをなかなか行動に移すことはハードルがすごく高いことは理解できます。

勇気を振りしぼり、いざ行動に移してみようと思った途端、でもやっぱり迷惑かけるよね……とか、夫が、お金が、とか「できない理由」「やらない理由」が次から次へと頭に浮かんできます。それは普通のことであなただけではありません。以前の私もそうでした。なので安心してください。

いままで見てきたように、これは潜在意識の仕業なのです。なので、**ちびちゃんワーク**で整えていけば大丈夫です。他人の目、人の価値観で作られた「正解軸」ではなく、自分軸で心を自由にして生きると「気」が巡るようになり、「元気」になります。元気になると不思議と奇跡のような体験をしたり、自分が思い描いていた人生に「ふと気づいたら」なっていたりします。クライアントさんたちを見ていたら、本当につくづくそう思います。

体験談
3

## 毎日の幸せを見つけることがうまくなった！
（50代・女性）

自分の過去の出来事が、ここまで自分に影響を与えているということを初めて実感しました。ちびちゃんと会話をすることで、自分の気持ちを言えたり考えたりすることができるようになっていき、自分にとっての時間や幸せを考えるようになりました。

とはいえ、まだまだ自分のために何かを買う、ということに自分の中の制限があるようで、夫や子どものものを先に買ってしまいますが、毎日の幸せを見つけることがうまくなったと思います。

それと「自分を大切にできるようになったこと」「自分の気持ちを伝えてもいいんだ」という安心感が得られています。過去の自分は、「自分でなんとかしないといけない」みたいなところがありましたが、ちびちゃんワークをしてから相手に頼るのもいいこと、お願いすることもいいこと、と受け入れることができた自分になり、毎日の気持ちが楽になりました。

もしもちびちゃんワークと出会ってなければ「親との関係がうまくいかない」とずっと気を使い続けていたかもしれません。でもいまは親との距離感が無くなり、お願いすることや頼ったりすることができるように。相手の気持ちを考えすぎて言えないことや言わないでいたことがたくさんあったのですが、いいタイミングで言えるようになっています。

# 第5章

# ちびちゃんと創る未来

## 心地いいか悪いか、それに従えばいい

潜在意識の中にある、ある一つの性質が、いままでの私の人生を徐々に苦しいものにしていった時、心の中では「私ってどうしていつもこうなんだろう……」と戸惑っていました。その理由も性質が反応しているからだ、といまなら分かるのですが、当時はまるで分かっていなかったため相当悩みました。しかしその性質が私を悩ませていると知った時、私は「この性質は私にとって心地よくない」と感じ、手放すことに決めました。そのおかげで、いまの私の行動は自分の価値観や考え方に忠実になってきています。

性質そのものには「よい・悪い」はありません。私の〈いい子でいなければならない〉という性質にも「よい・悪い」はありません。「いい子でいることの何

が悪いの？」という考え方もあります。

ですので、性質を手放すかどうかの判断は、私が「心地いいか・心地悪いか」だけです。

心地いいと思えば、そのままにしておけばいいし、心地悪いと感じるなら手放せばいいのです。どちらにしても**私にとっての心地良さ**で人生を生きれば、自然と人の心は満たされていきます。

そして人は満たされると自分にも他人にも寛容になります。なので、自ずと自分の意見もいいね、あなたの意見もいいね、とお互いの違いを認め合い、自分の中で平和な世界を創り上げます。
そうするとどんなことが起こるでしょうか。
自分が平和に生きられるようになり、
家族が平和に生きられるようになり、
あなたが属するコミュニティーが平和に生きられるようになり、

どんどん平和の波が広がっていきます。

生まれたばかりの赤ちゃんは、遺伝的な素質や魂の質や性格はあるものの、今世の潜在意識は基本まっさらな状態です。その後の成長過程で、さまざまな性質が作られていくのです。そして、それらの性質が「性格」と「自己価値観」に大きな影響を与えていきます。また、性質によって大きさは異なり、あまり影響されない小さなものだったり、人生を左右する大きなものだったりします。

たとえば、小さい頃から親に「人間とは素晴らしい存在で、親切で優しいものなんだよ」と言われて育った人は、〈人は素晴らしくて親切で優しいもの〉という性質ができます。

一方、親から「人を見たらドロボウだと思いなさい。あなたが傷つかないように、簡単に他人を信じたらダメだよ」と言われて育った人は、〈人を簡単に信じてはいけない。用心しなければならないものだ〉という性質ができます。

どちらがいいとか悪いという問題ではありません。子ども時代の親の言動が子どもに大きな影響を与え、それも潜在意識の性質になるということなのです。

だからと言って、生きづらいのはすべて「親のせい！」だという意味ではなく、また、いままさに子育て中のお母さんに警鐘を鳴らしているわけでもありません。

ただ、「性質」はそのようにできていますよ、そしてその「性質」はすべてあなた次第でより良きものにできますよ、もっと言うと、すべて今世のあなたがより豊かになるために必要なギフトなのだ、ということを知ってもらえるとうれしいです。

# 「私ワークシート」を作る

私たちはこの世界で唯一無二の存在です。全く同じ人はどこを探してもいません。そしてその唯一無二の「私」が何を好み、何に向かって歩こうとしているのか、を知っているのも、**ちびちゃん**でありあなた自身なのです。なので、「私」が何を好み、何が苦手でどんな性質を持っているかを知ることは今世を生きるための人生の地図になります。

「自分のトリセツ」として、「私ワークシート」をぜひ作ってみてください。まずは現段階の自分の状態について書き込んでいきましょう。

まず、真ん中の「私」の枠の中に自分の似顔絵を描いてください。

# 私ワークシート

**好き**

音楽を聴くこと
歌うこと
マンガを読むこと
コーヒー・パン
うなぎ・カキフライ
メロンパン
岡本太郎さん
明石家さんまさん
旅行

**性質**

私は人と違ってはいけない
私は間違っている
私はありのままの自分で
いてはいけない
どこにでも面白いところ
を見つける
よく笑う
めんどくさがり
マイペース

**私**

4人以上のママ友ランチ
コース料理
並ぶお店（飲食店）
LINE

私は私のままでいい
私は自由だ
私は正しい

**苦手**

**アファメーション**

どんなタッチでもかまいません。上手・下手に関係なく、気軽に描いてみましょう。

次に、**ちびちゃんワーク**を通して、いままでに現れた「自分の性質」や「私の好きなもの」「私の苦手なもの」「**アファメーション**」について記入してください。だれに見せるものでもないので自由にどんどん書いてくださいね。

繰り返しますが、性質に関しては「よい・悪い」はありません。「私」という人間の特徴を一目でわかるようにまとめるだけです。

こうして書き上げた「私ワークシート」が自分のトリセツになり、人生の地図にもなります。頭で理解しているようでも、図解してみると、自分という人間がどういう特徴をもっているのか、よくわかります。

「なりたい自分」になるためには、自分を知ることが大事。ときどき見返して、時には書き足したり変更したりしながら、「なりたい自分」に近づいているかどうかを確認しながら自分の歴史を綴っていってくださいね。

# 受け継がれていく「生き方」の資産

自分の言動を振り返って、同じような行動を繰り返していたら、それは必死にあなたが傷つかないようにちびちゃんが指揮している証拠ですので、そのループに気づいてあげることは人生を開いていく上ではとても重要なポイントとなってきます。

ループとなっている性質を見つけ、癒して、対処することで、新しい自分の人生に踏み出す大切な一歩となるからです。そしてその一歩はいずれ私らしく自由に表現をできる自由な世界へ広がっていきます。

いま思い返せば、私の母も自分の生き方や子育ての仕方に悩んでいたのかもしれません。また子育てを通して、代々、親から子へと受け継いできた性質だった可能性もあります。受け継ぐものは家や財産だけではありません。「生き方」も資産として受け継がれていくもの。母もそうして私に受け継いできた資産があるのだろうな、としみじみ感じます。もしいま、自分の中の嫌だなあ、という部分があるならば、それらはもれなく子どもへと「生き方資産」として受け継がれていきます。もし、そのイヤな部分を受け継ぎたくない！　嫌な部分の連鎖を断ち切りたい！　と感じているならばそれは大いに可能なこと。そのためにもまずは、**ちびちゃんワーク**を通じて、自分の心の中を見つめ、傷ついている子どもの頃の自分を癒して抱きしめてあげることが、とても重要なのです。

傷ついている自分を見つけ、認めて癒し、本心を知る。そしていまできる精一杯でよいので行動に移す。このことをただコツコツと丁寧にするだけで、「生き方資産」も自ずとあなたが心地いいと思う生き方資産となっていき、いつの間にかあなたがいるステージが変わり、見える景色も変わってきます。そう、いつからでもどこからでも人生は変えられます。だからあなたは「必ず大丈夫」なのです。最後に大事なポイントです。変化していくのには、ある程度の時間が必要です。いままでコンサルティングした皆さんの平均を見てみると、だいたい短くても３カ月くらいの時間を要しています。すぐに効果が出ない、とあきらめずに、ただやるだけでびっくりするような変化と現実を目の当たりにできるのも、**ちびちゃんワーク**の特徴なので、ぜひぜひ楽しんでやってみてくださいね。

次のページからワークシートをまとめておきます。

4 本当はどうして欲しかった？　どうしたかった？

5 言いたいこと・思ったことを伝える（潜在意識のクリーニング）

6 終わってどう感じたか

# ちびちゃんワーク

## 1 ちびちゃんと話したい思い出

## 2 情景・その時の様子

## 3 感情リスト

希望・怖い・怒り・悲しみ・さびしさ・喜び・不安・悔しい・おどろき・がっかり・安らぎ・憎しみ・焦り・むなしい・憂うつ・前向き・きもい・罪悪感・恥ずかしい・感謝・信頼・だるい・諦め・優越感・愛・ドキドキ・イライラ・もやもや・劣等感・心配

**4 その時、私はどうしていたの？**

**5 (4) での行動をした理由は？**

**6 できた性質は何ですか？**

## 性質ワーク① ～自分の性質を知る～

**1** 子どもの頃に親（大人の誰か）に対して不快な感情を持った出来事、今思い出される中で強烈な出来事とは何ですか？

**2** 感情リスト

希望・怖い・怒り・悲しみ・さびしさ・喜び・不安・悔しい・おどろき・がっかり・安らぎ・憎しみ・焦り・むなしい・憂うつ・前向き・きもい・罪悪感・恥ずかしい・感謝・信頼・だるい・諦め・優越感・愛・ドキドキ・イライラ・もやもや・劣等感・心配

**3** その時の相手の様子を思い出し、相手の短所はどんなところですか？

**4 私の中にあるどんな性質が反応している？**

**5 「私はこの性質を手放したい？　それとも持っていたい？」とちびちゃんに聞く**

- □ この性質を手放したい
- □ この性質を持っていたい

**6 性質を反転させてアファメーションを作ろう（性質を手放すための対処方法）**

## 性質ワーク② ～性質を手放すワーク～

**1** もやもや・イライラしたことは何ですか？

**2** 感情リスト（いま、心の中で感じている感情は何ですか）

希望・怖い・怒り・悲しみ・さびしさ・喜び・不安・悔しい・おどろき・がっかり・安らぎ・憎しみ・焦り・むなしい・憂うつ・前向き・きもい・罪悪感・恥ずかしい・感謝・信頼・だるい・諦め・優越感・愛・ドキドキ・イライラ・もやもや・劣等感・心配

**3** 過去や子どもの頃の体験が浮かび上がってきていたら、ここに書いてみてください

4 その時の相手の様子を思い出してみましょう。
相手の長所はどんなところですか？

5 できた性質は何ですか？

6 何か感想はありますか

## 性質ワーク③ ～自分のポジティブな性質を見つける～

**1** 親（大人の誰か）との思い出で嬉しかった・楽しかった出来事は何ですか？

**2** 思い出し味わう

目を閉じて、その時のことを思い出しながら
味わってみましょう

**3** 感情リスト（嬉しかった・楽しかった出来事が起きた時の私の感情）

希望・怖い・怒り・悲しみ・さびしさ・喜び・不安・悔しい・おどろき・
がっかり・安らぎ・憎しみ・焦り・むなしい・憂うつ・前向き・きもい・
罪悪感・恥ずかしい・感謝・信頼・だるい・諦め・優越感・愛・
ドキドキ・イライラ・もやもや・劣等感・心配

## 「私らしく生きているか」チェック

- □ 1 自分の心に正直に生きているか
（本音を大切にできているか）
- □ 2 自分にウソをついていないか
- □ 3 人と比べていないか
- □ 4 大切な人を大切にできているか
- □ 5 自分の思いを丁寧に伝えられているか
- □ 6 自分をご機嫌さんにできているか
（自分を喜ばせているか）
- □ 7 愛ある優しい言葉を使っているか
- □ 8 感情を表現できているか
（例：うれしい、楽しい、悲しいを丁寧に伝えられているか）
- □ 9 自分の体を愛し、丁寧に接し、大切にできているか
- □ 10 なりたい姿や得たい未来を描けているか

## 私ワークシート

好き

性質

私

苦手

アファメーション

# おわりに

私は、ほんの9年前まで、はっきりとは自覚はしていなかったのですが「生きづらさ」を抱えて生きていました。というよりも、むしろ「私はしっかりしている」「私はできている」「癒しなんて無用！」と思っていました。いま思い返してみれば、それは全く反対で「私は出来そこないだ」「私には価値がない」という性質があったからこそ、高下駄を履くよう、精一杯背伸びをして、人の目や人の思いを気にして生きていたのです。

ある日、ある有名な何千人もの人をトレーニングしてきたメンタルトレーナーの先生の講義を受けに行った時のことです。その講義の前のエレベーターの中で先生と偶然お会いして、一言二言会話しました。すると先生は、まるで私の生きづらさを見抜いたかのように「あなたは自分の心にある本当の思いを見る前に、目の前の人が喜ぶことを言うね」とおっしゃいました。

その言葉がとても衝撃的で、私は思わず泣き崩れてしまいました。なぜならその時初めて、自分がいままで無意識のうちに、傷つかないように傷つかないように、まるで鉄の鎧でも身に着けて、生きてきたことに気づいたからです。そして、その言葉によって、その鎧がバラバラと剥がれ落ちていく映像が脳裏に浮かびました。

そこから、私の潜在意識の中にある「性質」がいままでの人間関係、そして私の人生そのものを滞らせていたことに気づき、もやもや、イライラの迷路から脱出することとなったのです。自分を知るとは自分の中にどんな性質が潜んでいるのかを理解し、ちびちゃんワークを使って「私」と再会していくことです。このことが人生を劇的に変化させていきます。

いま、もしもあなたの心にチクッとする痛みを抱えていても、ため息ばかりの日々だとしても大丈夫です。もしあなたが「変わりたい！」「私らしく生きてみたい！」と願っているなら必ず変われるし、私らしく生きることはいつからだって可能なのです。なぜならあなたはそもそも守られ幸せになる、と決まっているのですから。私はそんなあなたをいつでも応援しています。感謝。

斎木千桜子

## 斎木《さいき》 千桜子《ちさこ》

愛知県在住。メンタルコンサルタント。

20代に精神科ソーシャルワーカー、40代でコーチング、認知行動療法、手相、顔相、タロットカードなど、多岐の職業と学びを通じて、〜こころを癒し潜在意識を書き換えることで、いつの間にか願いが叶ってしまう斎木メソッド「ちびちゃんワーク®」〜を開発する。

『女性を心からの笑顔に！』をライフミッションに掲げ、2016年よりマンツーマンコンサルタントとして活動し、相談件数は延べ1万4000件を超える。

現在も、悩みのループから脱出する方法を提示し「私らしい人生を自由に生きたい！」「運のいい人になりたい！」「幸せになりたい！」などの、クライアントの願いを叶えるコンサルティングを実施し、全国を飛び回っている。

**斎木千桜子 無料メールマガジン**

こちらのメルマガでは
あなたが望む理想や夢を
最短で叶えるための
エッセンスをお伝えしています。

**ハレル舎ホームページ 斎木千桜子専用ページ**

もっと深くちびちゃんワークを
したい方のための情報ページ。
ワークシートのダウンロードも
こちらから。

# 潜在意識のちびちゃんワーク

発行日　2024 年 9 月 16 日　第 1 版第 1 刷発行

著者　斎木 千桜子

発行　株式会社ハレル舎
〒 186-0002
東京都国立市東 1-9-14
TEL：042-505-8408
FAX：042-505-8433
https://hareru-sha.com
info@hareru-sha.com
印刷・製本　シナノ書籍印刷株式会社
装丁　ハルヤマ
編集担当　平田 美保・佐久間 真弓
協力　有限会社メディア・サーカス
イラスト　KYON
発行者　春山 はるな


ISBN 978-4-911386-00-2 C0030